Egon Waldegg

Judenhetze oder Notwehr - Die Judenfrage

Egon Waldegg

Judenhetze oder Notwehr - Die Judenfrage

ISBN/EAN: 9783744626163

Hergestellt in Europa, USA, Kanada, Australien, Japan

Cover: Foto ©Suzi / pixelio.de

Weitere Bücher finden Sie auf **www.hansebooks.com**

Judenhetze oder Nothwehr?

Ein Mahnwort

von

Egon Waldegg.

Verfasser von:
„Die Judenfrage gegenüber dem deutschen Handel und Gewerbe".

Zweite, vermehrte Auflage.

Preis 60 Pfennig.

Dresden 1880.

Verlag des Deutschen Reform-Vereins zu Dresden.
(Für den Buchhandel: Otto Henze's Verlag in Berlin N.)

Vorwort
zur zweiten Auflage.

„Dem Freunde das Herz,
Dem Feinde die Stirn."

Wenn ich zum zweiten Male die Feder ergreife, um gegen Israels Fremdherrschaft zu Felde zu ziehen, so löse ich damit nur ein Versprechen ein. Ein Versprechen, gegeben hochachtbaren Männern, die seit Jahren hervorragend im öffentlichen Leben stehen und die mit dem Wunsche an mich herangetreten sind, das Verständniß der „**Judenfrage**" immer weiteren und a l l e n Kreisen der Bevölkerung zugänglich zu machen durch Veranstaltung einer billigeren Ausgabe, deren Preis auch den Unbemittelteren die Anschaffung des Schriftchens möglich macht. Ich entspreche dieser Aufgabe unter Danksagungen an Diejenigen, welche den Muth gehabt haben, meine „Judenfrage gegenüber dem deutschen Handel und Gewerbe" öffentlich v o r z u l e s e n, und verbinde mit dem Wunsche besten Gedeihens an die sich bereits gebildet habenden Deutschen Reform-Vereine die Bitte, mich von allen weiteren Schritten unterrichten zu wollen, damit ich die Einmüthigkeit aller antijüdischen Bestrebungen meinerseits nach besten Kräften fördern und unterstützen kann.

Auf Ersuchen meiner Freunde habe ich der zweiten Auflage meinen „**Appell an die Deutsche Nation**" von Ostern 1879 vorandrucken lassen und in einem Nachtrage die Urtheile von K l ü b e r, K a n t, J. G. F i c h t e, H e r d e r, S c h o p e n h a u e r und R. v o n M o h l über das Judenthum, sowie diejenigen des Juden L a s a l l e über die heutige Tagespresse, und J u l i a n S c h m i d t's über die heutige Verjudung der Journalistik und der Literatur wiedergegeben, deren Lectüre jedem Deutschen nicht dringend genug empfohlen werden kann. —

Den Vorkämpfern des Deutschthums aber und allen meinen Gesinnungsgenossen deutschen Gruß und Handschlag.

Den 2. December 1879.

Egon Waldegg.

Ein Appell an die Deutsche Nation.

So ist es denn wahrlich schon dahin gekommen, daß Christen offen den Sieg des Judenthums über das Deutschthum zu verkünden, nein, zu constatiren Ursache haben? Ist das Deutsche Reich wirklich nur noch dem Namen nach ein christliches und nicht vielmehr ein jüdisches Reich deutscher Nation?

Haben wir nicht feige und erbärmlich die Hände in den Schooß gelegt, uns gegenseitig über die „schlechten Zeiten" ein Langes und Breites vorgejammert, geklagt und raisonnirt, geschwatzt und geschimpft, während wir die Juden thatkräftig handeln, die Fundamente des Christenthums und des christlichen Staates systematisch untergraben und uns eine Position nach der andern entreißen ließen? Hat man uns nicht mit den Phrasen Liberalität, Humanität, Toleranz und Gleichberechtigung aller Confessionen in nichtswürdiger Weise so lange an der Nase herumgeführt, bis wir endlich auf dem besten Wege sind, die schmachvollste Leibeigenschaft, diejenige des mosaischen Geldprotzenthums, antreten zu müssen?

Eine Uebergangsperiode nennt Ihr die heutigen, unsäglich traurigen Zustände? Jawohl, ein Uebergang von der Wohlhabenheit zur Verarmung, vom freien Menschen zum Sclaven, vom Manne zur Memme, vom Charakter zur Charakterlosigkeit!!

Ihr Denkfaulen und Politisch-Unreifen, die Ihr Eure Weisheit aus der „unabhängigen" Tagespresse schöpft, die Ihr Euch nicht die Mühe nehmt, der Sache auf den Grund zu gehen, wißt Ihr nicht, daß — mit verschwindenden Ausnahmen — die sämmtlichen verbreitetsten und tonangebenden Tagesblätter schon längst in Händen der Judenschaft sind, daß die Spalten dieser Zeitungen wohl allen, auch den unberechtigsten Angriffen auf unseren Glauben, unsere Religion, unsere Ueberzeugungen, irgend welche Regierung, die sogenannte schwarze und die rothe Internationale, nimmermehr aber auf die einzig wirkliche, die Goldene Internationale zu Gebote stehen?

Dieser verjudeten Tagespresse gegenüber, die die öffentliche Meinung im wahren Sinne des Wortes „macht", bleibt dem Ausdrucke christlicher Entrüstung nur der Weg der Brochüre übrig, die natürlich entweder gar nicht zur Geltung zu kommen vermag, oder von der vernichtenden Uebermacht aus dem Wege geräumt wird.

Allerdings schreibe ich diese Zeilen unter dem Eindrucke der Lectüre des kleinen Buches: „Der Sieg des Judenthums über das Germanenthum" von W. Marr (Bern, Costenoble), aber sagt mir der Verfasser darin nur irgend etwas Neues? Sind nicht schon Tausende meiner Berufsgenossen, Tausende von Handel- und Gewerbtreibenden, Tausende von Landwirthen der Judenpest zum Opfer gefallen und dem Bettelstabe nahe gebracht? Birgt nicht die Statistik der Selbstmorde eine Unsumme des fürchterlichsten Elends, der bittersten Verzweiflung?

Nicht die beklagenswerth überhandnehmende Genußsucht und Arbeitsscheu der jetzt lebenden und heranwachsenden Generation, wie es Euch die Judenpresse einzureden sucht — als hätten wir Menschen nicht zu allen Zeiten menschliche Schwächen gehabt — auch nicht die in Berlin herkömmliche verkehrte Volkswirthschaftspolitik sind **zunächst** und **in erster Linie** für unsere unseligen Zustände, für die man den Namen Krise erfunden hat, verantwortlich zu machen, sondern — man finde endlich den Muth, das Kind beim rechten Namen zu nennen — vor allen Dingen die Ueberfluthung und Ueberwucherung Deutschlands mit den uns feindseligen jüdischen Elementen und die damit unter uns Christen eingetretene Verjudung.

Sind etwa die „Mannesseelen" vom Schlage Eduard Lasker und Ludwig Bamberger würdige Repräsentanten unserer christlichen Nation? Sind solche Leute, deren Zungenfertigkeit nur von ihrer Grundsatzlosigkeit übertroffen wird, berechtigt und berufen, den Reichstag deutscher Nation zu terrorisiren?

Grundsatzlosigkeit — da komme ich gleich zu anderen Losigkeiten, als da sind: Confessions-, Glaubens-, Ehr-, Gewissenlosigkeit, die eine die andere erzeugend und immer mehr vermöge unserer neueren, von Juden dominirten Gesetzgebung unter uns Christen überhand nehmend!

Nicht hinter dem grünen Tische hervor, sondern aus dem Verkehr von Haus zu Haus, aus dem unmittelbaren Umgange mit Männern des praktischen Lebens und der Arbeit (zu welchen zu gehören ich die Ehre habe) wollen unsere Zustände beurtheilt sein, und ich sage Euch, es ist nicht allein meine tiefinnerste Ueberzeugung, sondern die lauterste, auf persönlicher aufmerksamster Wahrnehmung begründete Wahrheit, noch nie war der Haß und die Erbitterung gegen unsere semitischen Bedrücker aller Orten im Deutschen Reiche stärker, tiefer und allgemeiner, als eben jetzt und er wird in seinem Ausbruche um so furchtbarer sein, je unnatürlicher man ihm jetzt die Mittel vorenthält, zum Ausbruck zu gelangen und je weniger sich bisher Männer gefunden haben, seine Dolmetscher zu sein.

Noch ist es Zeit, noch **muß** es Zeit sein, selbst unter der famosen Aera Falk, die jüdische Anmaßung zurückzuweisen, den christlichen, nicht confessionslosen Staat wieder aufzubauen und damit den sonst unvermeidlichen Ausbruch der wildesten Volksleidenschaftlichkeit, unter der dann der Gerechte mit dem Ungerechten, der Unschuldige mit dem Schuldigen gleichmäßig zu leiden haben wird — zu verhüten!

Ich wende mich um deswillen mit diesem Aufrufe zunächst an alle meine Berufsgenossen, an alle ehrlichen Industriellen und Kaufleute, und überhaupt an alle freisinnigen, unerschrockenen deutschen Männer: in Deutscher Treue und Tapferkeit zusammen zu stehen gegen den gemeinsamen Feind und der jüngst gegründeten

Deutschen Reform-Partei

beizutreten, die sich die Aufgabe stellt, in jeder gesetzmäßigen Weise der „Goldenen Internationale" und deren auf Weltherrschaft gerichteten Umsturzplänen entgegen zu treten und die Gesundung unserer traurigen Zustände herbeizuführen. Die berufenen Vertreter der Partei werden nicht versäumen, mit einem Programme, „**wie es anders werden kann und soll**", vor die Oeffentlichkeit zu treten, wenn sich erst in ihr eine Centralstelle aller antijüdischen Bestrebungen gebildet haben wird und Organe derselben in der Tagespresse geschaffen sein werden. Eine gleichzeitig mit dem Eintritte in die Partei erfolgende oder nur lediglich pecuniäre Unterstützung ihrer Ziele ist nicht ausgeschlossen, sondern ebenso dankens-, als wünschenswerth.

Und so empfehle ich denn noch zur Lectüre:

Stephan Schulz: Ein Beitrag zum Verständniß der Juden und ihrer Bedeutung für das Leben der Völker, Gotha 1871;

Prof. Rohling: Der Talmudjude, 5. Aufl., Münster 1873;

Stadtger.-Rath Wilmanns: Die goldene Internationale, 4. Aufl., Berlin 1876;

— — Die Eroberung der Welt durch die Juden, 7. Aufl., Wiesbaden 1875;

Dr. Hilb. Bankberger: Die sogenannte deutsche Reichsbank, eine privilegirte Actiengesellschaft von und für Juden, 2. Aufl.;

Dr. Perrot: Die Juden im deutschen Staats- und Volksleben, 2. Aufl., Frankfurt a. M. 1878; oben erwähnte

W. Marr: Der Sieg des Judenthums über das Germanenthum, Bern 1879

und viele andere.

Schließlich erkläre ich noch, um dem wohlfeilen Vorwurfe der „Reichsfeindlichkeit" im Voraus zu begegnen, daß ich vollständig auf dem Boden der 1866/70 geschaffenen neuen politischen Verhältnisse stehe und unserem glorreichen Kaiser in Ehrfurcht ergeben bin, die Feinde des Deutschen Reiches aber, die etwa aus meinem Appell „Kapital zu schlagen" geneigt sein möchten, auf die Zustände in unseren Nachbarstaaten Oesterreich, England, Frankreich und die Schweiz hinweise, die ebenso, wenn nicht noch ärger, der **vaterlandslosen** Judenschaft unterworfen sind.

Lernen wir von unseren Feinden und seien wir einig! Nehmen wir die „Judenfrage" im deutschnationalen, nicht im confessionellen Sinne gemeinsam in die Hand und führen wir dieselbe ihrer praktischen Lösung entgegen, ehe sich die entfesselten Elemente ihrer bemächtigen.

Ostern 1879.

Ein protestantischer, nicht confessionsloser Fabrikant.

1.

Mehr Ramschgeschäfte und Fünfzig-Pfennig-Bazare, mehr Prozesse und Gerichte, mehr Concurse und Zwangsversteigerungen, mehr Staatsanwälte und Gerichtsvollzieher, mehr Vergehen und Verbrechen, mehr Zucht- und Armenhäuser, mehr Noth und Elend, mehr Verzweiflung und Selbstmord, mehr — Wucherer und Juden! Das ist die Signatur unserer Zeit! Das sind die herrlichen Errungenschaften des sogenannten liberalen Regiments!

Des modernen Liberalismus, der sich national nannte, — ein Bastard, gezeugt von dem modernen Juden- und Heidenthum mit der Humanitätsduselei!

Desselben Liberalismus, der gleiches Recht für Alle auf seine Fahne schrieb und unter dieser Devise den Schwachen wehrlos, den Starken übermächtig machte: die Anderen zu verschlingen.

Oder sind wir etwa noch nicht auf dem Standpunkte: daß der Große die Kleinen vertilgt?

Oder leben wir wirklich nur in einer Uebergangsperiode, auf welche dann eine lange und herrliche Zeit des Wohllebens folgen wird?

Oder haben wir in Deutschland allein so traurige und beklagenswerthe Verhältnisse? Sind die „schlechten Zeiten" national oder international?

Welcher Pessimismus spricht aus diesen Worten! Und wie reimen sich mit ihm die namentlich in großen Städten immermehr überhand nehmenden Vergnügungen und Belustigungen?

„Es ist ein Unglück der Könige, daß sie die Wahrheit nicht hören wollen," sagte der Volkstribun Johann Jacoby in seinen besten Tagen.

Es ist ein Unglück der Völker, daß sie die Wahrheit nicht hören wollen, sage ich mit Andern, und dies ist schlimmer als Jenes, denn Könige können nicht immer Alles erfahren, was sie wissen möchten, die Völker aber brauchen die Wahrheit nur zu wollen, und sie wird ihnen von allen Dächern gepredigt werden.

Aber das Volk will die Wahrheit nicht. Es will getäuscht sein und es will nicht Alles wissen, denn viel Wissen macht Kopfweh! Und wozu auch, noch hat man gestern gelebt, noch lebt man heute, noch wird man vielleicht morgen leben! Und einmal müssen doch wahrhaftig bessere Zeiten kommen!

Da — sitzt der Hase im Pfeffer! Es muß ja besser werden! Warum? Ueberflüssige Frage! Es ist ja stets nach schlechten Zeiten wieder eine bessere gekommen, also nur Muth — die Hoffnung wird nicht zu Schanden werden!

Ich gäbe etwas darum, meine Herren, wenn Sie mich überführen könnten, daß ich die Dinge zu schwarz sähe. Ich würde es Ihnen Dank wissen, wenn Sie mir einen lichten Punkt am Horizonte zeigen könnten, der die Morgenröthe einer baldigen besseren Zukunft ahnen ließe.

Und doch giebt es noch eine Rettung für Sie, für uns Alle.

Es ist die Wiederkehr unseres Mannesbewußtseins, die sittliche Wiedergeburt unserer Nation, die Rückkehr zur Thätigkeit, zur Arbeit, zur Sparsamkeit, zur Treue.

Man mache uns unabhängig von den Parasiten und Schmarotzern unseres Volkslebens und gewähre wieder Schutz der ehrlichen Arbeit und dem soliden schaffenden Erwerbe. Man schütze den Schwachen vor der Ausbeutung des Stärkeren und man erinnere sich endlich an maßgebender Stelle, daß man für die Wohlfahrt einer ganzen Nation, nicht aber für das Wohlleben eines verschwindenden Bruchtheils der Bevölkerung zu sorgen hat.

„Was hilft es Ihnen, den Kampf mit Windmühlen aufzunehmen, wir sind ja doch unter den obwaltenden Verhältnissen darauf angewiesen, uns ruhig in sie zu schicken — und eine weiße Schwalbe macht noch keinen Sommer." So sagte man noch vor einem halben Jahre zu mir, und ich glaube, man sagte es aus Ueberzeugung. Der deutsche Michel war nahe daran, vollständig zu versumpfen, das caudinische Joch der goldenen Internationale auf seine Schultern zu nehmen und sich resignirt vor die Füße seiner neuen Gebieter zu werfen.

Da kamen aber die Segnungen des allein selig machenden liberalen Regiments, da kam der Ruin Tausender, — und immer neue Haufen des Proletariats waren die lebendigen Zeugen der immer mehr und immer allgemeiner um sich greifenden Verarmung.

Da kamen nun aber auch die warnenden Stimmen an die Denkenden und Vernünftigen der Nation, da beleuchteten M. Ant. Niendorf, F. Perrot, C. Wilmanns, Wilhelm Marr und Andere die Schattenseiten unseres herrschenden Parlamentarismus, und vor und neben Diesen war es vor allen Dingen Otto Glagau, der zunächst in seinen Artikeln in der Gartenlaube und später in seinen Büchern „Der Börsen- und Gründungsschwindel" (Leipzig, Paul Frohberg) und „Des Reiches Noth und der neue Culturkampf" (Osnabrück, Bernhard Wehberg) die Manchesterwirthschaft und ihre Folgen dem erstaunten Deutschland in bengalischer Beleuchtung offenbarte.

Wie ist es möglich, wie konnten wir uns das bieten lassen und wo soll das hinaus, — so fing man an, Einkehr in sich selbst zu halten und sich seiner einigermaßen zu schämen.

Jawohl, man schämte sich, ging in sich und gelobte Besserung. Erst kamen nur die Gebildeteren und Weitsichtigeren daran, dann vergrößerte sich der Kreis der „Wissenden und Sehenden" immer mehr, und endlich kam der Rückschlag in der öffentlichen Meinung, die seit Jahren nach der Pfeife der sogenannten unabhängigen und freisinnigen, in Wirklichkeit aber in Demuth vor dem Geldsacke der goldenen Internationale ersterbenden Tagespresse tanzte, ohne es zu wissen.

Auf die Action folgte naturgemäß die — Reaction.

Was ist Reaction?

Es ist das Gespenst, das uns die servile Judenpresse an die Wand malt und womit man uns bange machen will — es ist das die Luft des schwülen Sommertages reinigende Gewitter. Es ist der Kampf gegen die Ausbeutung und Uebervortheilung durch das Ausland und das internationale Großhändler-, Speculanten- und Großgurgelabschneiderthum, es ist der Kampf gegen Kummer und Noth, gegen Hunger und Elend. Es ist die Umkehr vom modernen Heidenthum, vom der christlichen Moral vollkommen entfremdeten Staatswesen zu einer alle Kreise der Bevölkerung zufrieden stellenden Regierungsform, die der christlichen Kirche ihren berechtigten Einfluß auf das Volksleben läßt und Hand in Hand mit ihr die sociale Frage zu lösen sucht!

„Ein Schwarzer, da habt Ihr's," so höre ich meine Gegner rufen.

Nein, meine Herren, ein Schwarzer bin ich nicht, wohl aber Einer von Denjenigen, die sich bei aller Freisinnigkeit die Ueberzeugung bewahrt haben, daß die große Masse des Volkes oder, unzweideutiger ausgesprochen, wir Alle der Religion nicht entrathen können.

Man nehme dem Volke die Religion und man wird immer neue Schaaren der — Verzweiflung entgegen treiben.

Wie oft nehmen die Leute das Wort in den Mund: „Meine Religion ist: Thue Recht und scheue Niemand" — und einen Augenblick darauf sehen wir sie zur Börse laufen und Alles Das treiben, was das Gesetzbuch nicht ausdrücklich mit Strafen belegt hat — sehen wir sie in der Jagd nach dem goldenen Kalbe täglich auf's Neue „das Zuchthaus mit dem Aermel streifen".*

---

* Ausspruch des geadelten jüdischen Gründers Freiherrn v. Königswarter in Wien in dem Ofenheim-Processe.

II.

„Die Börse ist die hohe Schule für Gesetzesumgehungen," sagte eines schönen Tages der Sturmbock der semitischen Nation, Dr. Eduard Lasker im Reichstage.

„Das bestehende Actiengesetz ist Stückwerk. Keine Regierung darf dazu schweigen, und die Aufsicht des Reiches darf es nicht schweigend dulden, daß ein von ihr gegebenes Gesetz täglich und offenkundig umgangen werde, daß mit der ersten Umgehung eine Anzahl von Scheinverträgen, unerlaubten Gewinnen und Unanständigkeiten jeder Art in Verbindung kommen und durch die Unzulänglichkeit des Gesetzes geschützt werden." So derselbe Lasker.

„Ich als Jurist kann bezeugen, daß wir im Stande sind, solche Gesetze zu geben, welche zwar nicht allen Uebelständen, aber einem großen Theile derselben abhelfen können." Immer wieder derselbe Lasker.

Nun, frage ich, warum hat denn dieser Tugendbold von Volksvertreter, der zwölf Jahre lang im Parlamente die erste Geige spielte, der frühere Justizminister in spe, nicht solche Gesetze gemacht, die den Schwachen und Uneingeweihten vor der Ausbeutung der Großen und Schlauen zu schützen im Stande waren?

Oder warum haben sich denn nicht andere Juristen und Rechtskundige des Volkes angenommen, das zu vertreten sie berufen waren?

„**Warum athmen alle Gesetze der neueren Zeit den semitischen Geist, warum sind sie für die Ehrlichen Fußangeln und für die Schwindler Goldgruben?**"*

„Wir haben jetzt alle die Freiheiten in politischer und wirthschaftlicher Beziehung, die ein Volk groß und glücklich zu machen geeignet sein sollen, wie man uns seit einem Jahrzehnt vorerzählt; wir haben Gewerbe-, Wucher-, Wechsel-, Preß-, Theater-, Vereinsfreiheit, Freizügigkeit, Selbstverwaltung und Wahlfreiheit, Freihandel und wie sonst die Freiheiten alle heißen; — den versprochenen Segen davon verspüren wir jedoch nicht. Wir fühlen vielmehr, wie das Großkapital in der ungezügelten Concurrenz auf allen Erwerbsgebieten uns mehr und mehr in Fesseln schlägt und werden gewahr, daß der Mittelstand verarmt, Landbau und Gewerbe nicht mehr lohnend erscheinen und nur das Speculanten-, Fälscher-, Schacher- und Wucherthum florirt."**

---

* Otto Glagau. Des Reiches Noth und der neue Culturkampf. Osnabrück, B. Wehberg. Seite 269.

** Eingabe des Deutschen Reform-Vereins zu Berlin vom 25. April 1878 an den Reichskanzler Fürsten Bismarck.

Warum fühlen wir uns bei all' den Freiheiten nicht überglücklich, warum seufzen wir nach Abhülfe dieser Zustände?

Weil die ganze neuere Gesetzgebung lediglich den Interessen der goldenen Internationale angepaßt und lediglich für diese geschaffen ist, weil die im Parlament der deutschen Nation tonangebend gewesenen Lasker, Bamberger, Rickert, „unser Braun" und Andere Vertreter des jüdischen und nicht des deutschen Volkes gewesen sind und weil die meisten anderen Wortführer im Parlamente, wie Miquél, Hammacher, Kapp, v. Karborff, v. Bennigsen, Mosle, v. Unruh u. s. w. als Bundesgenossen des modernen Geldprozenthums, und mehr oder minder mit ihm verquickt und in seinen Diensten stehend, an alles Andere eher als an die Wohlfahrt des Volkes gedacht haben, über welche zu berathen sie zusammen gekommen!

Was ist die Deutsche Reichsbank?

Eine mit ungeheuren Privilegien ausgestattete Actiengesellschaft von und für Juden!

Was sind die neuen Justizgesetze?

Eine melkende Kuh für beschnittene und germanische Advokaten, eine Institution: die Armen rechtlos zu machen!

Was brachte uns die vielgerühmte Selbstverwaltung?

Ein neues Heer von Beamten und allerhand Scheereien und Unbequemlichkeiten für Grund- und Hausbesitzer, Fabrikanten und Gewerbtreibende.

Was sind die Folgen der absoluten Gewerbefreiheit und der Freizügigkeit?

Das Elend des Mittelstandes, die Corruption aller Volksclassen, das Proletariat in den großen Städten, die Ueberwucherung des jüdischen Elements über das deutsche Element in allen Verkehrs-Centren, in allen Gemeinde-Verwaltungen und in all' den Kreisen, die ihm zugänglich sind.

Eine Fortdauer der heutigen Verhältnisse — und wir werden in längstens 40 Jahren die deutschen Arbeitgeber nur noch nach Dutzenden zählen können, die höchsten Posten im Staatsdienste von Leuten semitischer Abkunft eingenommen sehen und im großen Ganzen nichts weiter sein, als die Sclaven des jüdischen Geldprozenthums.

„Ein neues messianisches Reich, ein neues Jerusalem muß erstehen **an Stelle der Kaiser und Päbste**," prophezeite bereits (1861) der Präsident der alliance israélite (Judenbund) in Paris, Monsieur Isaac Cremieux.

Läßt diese Sprache noch etwas an Deutlichkeit zu wünschen übrig?

Wozu unter den heutigen Verhältnissen noch ein Judenbund? Sind die Juden nicht allenthalben obenauf und in Wahrheit souverainer mit ihrer internationalen Geldmacht als Kaiser und Könige? — — —

Wir hetzten Confession gegen Confession, machte man den Vorkämpfern des Deutschthums gegen die Umsturzpläne der Judenschaft zum Vorwurf — wir schürten den Classen- und Rassenhaß, schreit man jetzt, nachdem man erkannt hat, daß wir mit dem Glauben des Juden nichts zu thun haben wollen!

Wer sich gegen die Fremdherrschaft, welche uns immermehr auf allen Gebieten aufgezwungen werden soll, ausspricht, gilt als „Judenfresser", wer in Schrift und Wort zur Abwehr auffordert, der will eine Judenhetze veranstalten — glaubt man denn noch immer der öffentlichen Meinung „weiß machen" zu können, daß die moderne Judenschaft nur von Fanatikern, Zeloten und Orthodoxen bekämpft würde, freisinnige Leute aber abseits ständen?

Nein, wir Alle wehren uns nur unserer Haut, wir wollen in der uns zugedachten Verjudung nicht untergehen, wir sind die Angegriffenen und nicht die Angreifer.

Da sich nun aber die seither maßgebenden Parteien noch immer nicht entschließen konnten, der Verjudung geschlossen und bestimmt entgegenzutreten, so empfiehlt sich die Bildung einer neuen, einer thatsächlichen Bürger- und Mittelpartei, die für den vor allen Dingen bedrohten Mittelstand eintritt, keine Vergangenheit hinter sich hat und neues Leben in den fast zum Gewerbe gewordenen Parlamentarismus zu bringen verspricht.

III.

Eine solche Partei, deren Bildung schon seit Jahren und von den verschiedensten Seiten angestrebt worden ist — ich habe weder die Richtung noch den Namen erfunden — könnte und dürfte sich wohl nunmehr unter der Bezeichnung:

Deutsche Reform-Partei

zu constituiren im Stande sein.

Die deutsche Reform-Partei erkennt als Hauptursache der Zerrüttung des Volkswohlstandes und des allgemeinen Darniederliegens von Handel und Gewerbe, sowie der Entwerthung aller Producte und Werthobjecte die durch die sogenannte manchesterliche Gesetzgebung geschaffene schrankenlose Gewerbefreiheit und Freizügigkeit einerseits, sowie andererseits die mit besonderen Privilegien ausgestattete Möglichkeit der Capitals-Anhäufung wie der immensen Bereicherung des Großcapitals, und die Ueberwucherung des jüdischen über das germanische Element im gesammten öffentlichen und Verkehrsleben.

Zur Beseitigung dieser Mißstände sucht die Deutsche Reform-Partei folgende Ziele zu erreichen:

A. Durch Gesetzesänderungen.

1.

Einführung einer rationellen progressiven Einkommen- und Erbschaftssteuer unter Schaffung geeigneter Schutz- und Controle-Maßregeln gegen falsche Einkommens-Declarationen und Vermögensangaben.

2.

Möglichste Ausdehnung der indirecten Besteuerung, die sich vorzugsweise an Gegenstände des Luxus und Genusses halten soll. Die Zölle sind möglichst nach dem Werthe zu bemessen, damit die von den Reichen consumirten Waaren höher getroffen werden, als diejenigen, welche die Unbemittelten verbrauchen.

Die directen Steuern sind, soweit sie das Einkommen der Minderbemittelten belasten, thunlichst zu beseitigen.

3.

Entlastung des immobilen Besitzes und Gleichstellung desselben in der Besteuerung mit dem Besitze von mobilen Capitals- und Werths-Objecten.

4.

Einführung einer Börsensteuer nach Procenten des Umsatzes und einer Couponsteuer, wobei ausländische Anleihen und Werthpapiere höher zu treffen sind, als inländische.

5.

Revision des Actien- und Genossenschaftsgesetzes, mit Herstellung wirksamer Verantwortlichkeit und Haftung der Gründer, ersten Zeichner und Verwaltungsorgane von Actien- und Creditgesellschaften.

6.

Aufhebung der Münzprägungs- und der Banknoten-Privilegien der Zettelbanken und zwar möglichst ohne Entschädigung, wie bei Einführung der Gewerbefreiheit die Meisterrechts-Privilegien ebenfalls ohne Entschädigung aufgehoben worden sind.

7.

Errichtung einer nationalen Reichsbank zur Unterstützung und Befruchtung von Credit- und Vorschuß-Anstalten (unter staatlicher Aufsicht) auch für das Kleingewerbe und den Kleinhandel.

8.

Einführung kurzer Creditfristen im Handels- und Gewerbeverkehr durch Reduction der Verjährungsfrist auf längstens 6 Monate.

9.
Wiederherstellung zeitgemäßer Innungsverbände mit obligatorischem Nachweise der Befähigung des Arbeitgebers wie des Arbeitnehmers und des dazu heranzubildenden Lehrlings.

10.
Beschränkung der Freizügigkeit, Wiederherstellung eines Heimathsrechts und Revision des Unterstützungswohnsitz-Gesetzes.

11.
Wiedereinführung strenger Wuchergesetze mit Beschränkung des Zinsfußes, der Uneinklagbarkeit wucherischer Forderungen und dem Rückforderungsrecht bereits entrichteter Wucherzinsen und Capitalbeträge; ebenso Beschränkung der allgemeinen Wechselfähigkeit.

Als wirksame Strafen für Wucherer bezeichnet man die Aberkennung der bürgerlichen Ehrenrechte und die Ausweisung.

12.
Bewahrung des confessionellen Characters unserer Schulen.

13.
Ermäßigung der Steuerlasten durch Verminderung der Ausgaben für Heer und Diplomatie.*

14.
Errichtung und Beförderung von Altersversorgungs-, Pensions- und Unterstützungs-Cassen für Arbeitsunfähige und Erwerbslose durch Spareinlagen unter Beihülfe aus den Erträgnissen der progressiven Einkommen- und Erbschaftssteuer.

B. Außer der Gesetzgebung.

15.
Durch Sorgetragung dafür, daß im christlich-germanischen Staate nur christlich-religiöse Männer in die gesetzgebenden Körperschaften gewählt und in die Staats- und Gemeindeämter berufen werden.

Gründer gehören ebensowenig in den Reichs- oder Landtag.

---

* Ich will damit sagen, daß ich eine Verminderung aller stehenden Heere in Europa für wünschenswerth halte, nicht aber, daß Deutschland einseitig abrüste, um dann den Feinden weniger gefährlich zu sein und seine heutige Machtstellung zu gefährden.

Ich verhehle mir nicht und ich habe ja leider schon die Wahrnehmung machen müssen, daß das kundgegebene Programm namentlich in denjenigen Kreisen nicht so ohne Weiteres mit dem vollen Verständniß aufgefaßt wird, für deren Interessen meine Freunde und ich in erster Linie eintreten.

Es liegt dies daran, daß der kleine Handel- und Gewerbtreibende und der Handwerker im Allgemeinen tagtäglich mit so schweren Sorgen für Weib und Kind zu kämpfen hat, daß er in der That weder Zeit noch Muse genug finden kann, die socialen Verhältnisse mit klarem und unbefangenem Auge anzusehen, selbst wenn er dafür dasjenige Verständniß hätte, das man ihm im großen Ganzen leider absprechen muß.

Wer meint es ehrlicher mit ihnen als Otto Glagau, und doch wie wenige von ihnen werden ihn verstanden oder auch nur gelesen haben!?!

„Fast unbegreiflich ist es *, wie der Handwerkerstand, der in Deutschland noch immer nach Millionen zählt, sich Jahrzehnte hindurch von einer Hand voll Leute, von der Bourgeoisie und ihrem Anhang, unterdrücken und ausbeuten, maltraitiren und brillen ließ; wie er die jüdisch-liberalen Blätter, die täglich gegen ihn und seine Interessen schreiben, die ihn beschimpfen und ohrfeigen, noch heute liest und hält, wie gerade er dazu beigetragen hat, daß diese Afterpresse eine solch' riesige Verbreitung gewinnen, einen solch' unheilvollen Einfluß erlangen konnte. — Die Handwerker scheinen von ihrem bleiernen Schlafe endlich erwacht zu sein, sie reiben sich die Augen und rütteln an ihren Ketten, aber sie befinden sich noch immer in einer Art von Betäubung und Dusel, sie wollen noch immer, namentlich in den Großstädten, „liberal" und „fortschrittlich" sein, sie stehen noch immer unter dem Einflusse manchesterlicher Lehren und Schlagworte."

Und in der That, was Glagau hier vom Handwerkerstande sagt, gilt von allen sogenannten „kleinen Leuten", auch wenn diese durch die Gunst früherer Verhältnisse zu Wohlstand gekommen sind. Man begeistert ** sich für Gewerbeschiedsgerichte, für Gewerbekammern, für Einigungsämter, für Fortbildungsschulen, für gewerbliche Fachschulen, für Ausstellung und Prämiirung von Lehrlingsarbeiten, — ja man nimmt sogar einen kühnen Anlauf zur Begründung von Vereinen gegen die Wucherer, Pfandleiher, Auctionatoren, Wanderlager u. dergl., man tagt in Gau-, Land- und Reichsverbänden, man petitionirt immer hübsch einzeln bei Reichstag, Bundesrath, Landesregierung und Reichskanzleramt, — an die rettende That: die Bildung einer echten und rechten bürgerlichen Mittelpartei aber, deren Vertreter im Reichstage den guten Willen für die Wohlfahrt des Mittelstandes zu arbeiten, thatsächlich beweisen würden — dachten seither die Wenigsten. Man gibt sich zwar den Anschein, als wolle man

---

* Otto Glagau, Deutsches Handwerk und historisches Bürgerthum, Osnabrück 1879, Seite 70/71.

** Ich bitte dies Wort aber ja nicht gar zu wörtlich zu nehmen.

die Wohlfahrt des Allgemeinen, und damit doch nur seine eigene, man kommt aber vor lauter Kleinlichkeitskrämerei, Wortklauberei und Feigheitsbemäntelei nicht dazu, Farbe zu bekennen und als Mann zu handeln. Dazu kommt nun noch, daß die meist gutsituirten Manchester- und Judenfreunde immer eine Auswahl von Memmen auf Lager haben, die sich den sich bildenden Bestrebungen anschließen und die etwa auftretenden Gelüste von Entfaltung männlicher Thatkraft verhindern müssen!

Von dieser Spezies habe ich, Dank des Aufsehens, welches „die Judenfrage gegenüber dem deutschen Handel und Gewerbe" gemacht hat, ein ganzes Verzeichniß in Händen und namentlich bieten mir Mittheilungen aus Berlin, Breslau, Hamburg und Dresden in dieser Richtung ein so schätzbares Material, daß ich schwerlich der Versuchung werde widerstehen können, dasselbe zu verwerthen, um diese Creaturen allem Volke zu zeigen. Das Merkwürdigste dabei ist, daß diese vor lauter Demuth und Ergebenheit gegen irgend einen Senator, Stadtverordneten-Vorsteher, Kammerrath, Justizrath oder auch gewöhnlichem geadelten Banquier ersterbenden Dienstbeflissenen vor lauter Entzückung über die ihnen zu Theil werdende Huld und Gnade gar nicht wissen, daß man sie als Werkzeuge benutzt, ja Einzelne brüsten sich damit, daß Niemand sagen könne, welcher politischen Richtung sie eigentlich angehören. Kunststück, wie kann eine solche Memme auch noch von einer eigenen politischen Meinung träumen? Der Herr und Gönner könnte ja am Ende selbst noch aus einem Nationalliberalen ein Conservativer oder aus einem Saulus ein Paulus werden!

Tritt nun in solchen Kreisen Einer auf, der vor allen Dingen den guten Willen hat, die gestellte Aufgabe mit sittlichem und männlichem Ernste in die Hand zu nehmen, und gelingt es Diesem, Andere aus ihrer Indolenz und ihrem Versumpftsein herauszureißen, so daß er mit Fug und Recht sein Wirken für erfolgreich anzusehen vermag, so wird ihm zunächst der Neid und die Mißgunst seiner näheren Bekannten entgegentreten, die selbstverständlich Dasselbe oder vielmehr Besseres zu leisten im Stande gewesen wären als er — und die nun aus gekränkter Eitelkeit zum — Bundesgenossen Derjenigen werden, deren hemmenden Einfluß zu bekämpfen sie im Interesse der guten Sache als ihre Pflicht anzusehen gehabt hätten.

Aus diesen und anderen Gründen verlaufen die meisten und die ehrlichsten Bestrebungen, um Herbeiführung einer die Allgemeinheit befriedigenderen Lage des Erwerbslebens im Sande, nicht selten zu Grabe getragen mit Schadenfreude von Denen, die nur durch knechtische Abhängigkeit oder geistige Beschränktheit abgehalten sind, das Gute der Sache oder den guten Kern derselben einzusehen.

Einer befreundeten Feder mag es vorbehalten sein, in kurzen Skizzen die in Deutschlands Bürgerschaft eingerissene Denkfaulheit, Unmännlichkeit, Wichtig- und Klugthuerei, Liebedienerei und sclavische Unterwürfigkeit zu charakterisiren. —

Während also, wie ich in meinem ersten Schriftchen nachgewiesen habe, das Judenthum unablässig bemüht gewesen ist, alle seine Kräfte einzusetzen und zu concentriren, um die den Gelüsten der jüdischen Weltherrschaft entgegentretenden Hindernisse wegzuräumen, während Israel Hunderttausende weggeworfen hat, sich die Presse und eine Menge hervorragende Leute des öffentlichen Lebens, ja sogar Gesetzgeber dienstbar zu machen, während Israel schonungslos niederriß und zerstörte, vernichtete und stürzte, was ihm im Wege stand — kommen wir Deutschen vor lauter feiger Rücksichtnahme nach rechts und links nicht dazu, uns mit der gebotenen Energie unserer Haut zu wehren, zu gemeinsamer Abwehr uns zu vereinigen, und flicken und kleistern immer weiter, mehr und mehr das Mitleid und den Hohn unserer Gegner herausfordernd.

Ein Jeder will, ein Jeder wünscht, ein Jeder hofft, ein Jeder erwartet die „besseren Zeiten", findet aber nicht den Muth, einzusehen, daß die Energielosigkeit und feige Trägheit seiner selbst das Hinderniß zur Wiederkehr derselben ist.

IV.

Frohlocke indessen nicht zu früh, übermüthiges Israel!

Die Segnungen Deines Regiments sind so fühlbar und so über alle Maßen entsetzlich, daß, wie ich schon früher sagte, der Kreis der Unzufriedenen immer größer, immer geschlossener wird.

Die unermüdlichsten Biertrinker, die eifrigsten Kegelschieber, die ausdauerndsten Billard= und Tarokspieler, ja sogar Diejenigen, welche über der Discussion und Behandlung der Hundefrage * und der Vivisection alles Uebrige vergaßen, befassen sich nun endlich — endlich mit der „Judenfrage". Unzarte Naturen gehen sogar so weit, zu behaupten, daß „Menschenschutzvereine" bei Weitem nothwendiger seien, als Thierschutzvereine!! Man fängt an, die **Pflicht der Selbsterhaltung als das Höchste, als das Wichtigste anzuerkennen und in immer weiteren Kreisen bricht sich die Ueberzeugung Bahn, daß nur die Feiglinge davor zurückschrecken dürfen, der praktischen Lösung der „Judenfrage" näher zu treten.** Ja, Wunder über Wunder, es finden sich sogar reiche Leute, welche dem (vorausgesetzten oder erst zu gründenden) antijüdischen Agitationsfonds Mittel oder jährliche Beiträge anbieten.

---

* Ob nämlich die Hunde an der Leine geführt werden müssen oder frei umherlaufen dürfen.

Dutzende von Zuschriften von hochachtbarster und mit maßgebenden Stellen eng befreundeter Seite liegen vor mir auf dem Schreibtische. — Alle sind überzeugt von dem baldigen Siege des Deutschthums über das Judenthum, und Alle wünschen, daß auf dem betretenen Wege fortgefahren und dem Volke genug Männer erstehen möchten, es zu befreien aus der Versumpfung und dem „europäischen Sclavenleben".

Und so kämpfe ich denn vor der Hand auf diesem Wege und im engeren Kreise weiter, bis mich das Schicksal in eine der Verkehrs-Centren führen wird, in der immermehr anschwellenden antijüdischen Bewegung eine noch praktischere Rolle zu übernehmen.

Inzwischen lasse ich einzelne deutsche Zeitungen und Amtsblätter jüdischer sein als die Judenblätter, lasse sie fortfahren, dem bankrotten After-Liberalismus Weihrauch zu streuen und Loblieder anzustimmen — nicht lange mehr und man wird sich mit Ekel und Abscheu von ihnen wenden, die knechtisch-unterwürfigen Zeitungsschreiber der allgemeinen Verachtung preisgebend, weil sie es wagten, einer oder einigen Banken, einem oder einigen Senatoren zu Liebe, tagtäglich die öffentliche Meinung zu belügen und irre zu leiten.

Eine weiße Schwalbe nannte man mich, wie ich schon oben sagte, noch vor einem halben Jahre — und heute?

Wahrhaft bemitleidenswerth und ekelerregend kommt mir das Wuth- und Jammergeheul der national-liberalen Juden-Organe vor, die heute um einen huldvollen Blick Bismarck's betteln, morgen aber sich unterfangen, dem eisernen Kanzler in verblümter Weise Drohungen entgegen zu schleudern, um übermorgen um so mehr Ehrfurcht und Ergebenheit zu heucheln.

Mehr als hundert Sitze hat dieser falsche Liberalismus am 7. October eingebüßt und — unerhört, aber nur zu wohl verdient — der Volkstribun Lasker wird diesmal (und hoffentlich für immer) im Abgeordneten-Hause des größten deutschen Staates durch Abwesenheit glänzen.

Armes Preußen! der Sturmbock Israels wird sich nun nicht mehr mit Deinem Wohl und Wehe direct zu befassen haben. Wird aber auch sein Einfluß hinter den Coulissen beschnitten werden? — — —

Da kommt mir durch einen eifrigen Gesinnungsgenossen ein Judenblatt aus Sachsen in die Hände, aus welchem ich gerne folgenden, in Judenblättern ungewöhnlichen Erguß wiedergebe: „Der zweite in der Reihe ist Lasker, der in Frankfurt einer Coalition von Fortschritt und Volkspartei (Sonnemann, selbst ein Jude. D. V.) unterlegen ist. Lasker hat diesen Ausgang vorhergesehen und nichts Wesentliches gethan (?), um ihm vorzubeugen. Er hat sich geweigert, in einem andern Kreise seine Candidatur aufzustellen (?) und sich nur bereit erkärt, eine Wahl anzunehmen, die ohne sein Zuthun auf ihn fallen würde. Es muß mit Bedauern ausgesprochen werden, daß sehr geringe Aussicht vorhanden ist, einen solchen Kreis zu finden. (Armer Lasker.) In Stettin ist der Versuch mißglückt, ihn zur Unterstützung zu bringen. Vielleicht ist Posen die einzige Stadt, in welcher er mit Erfolg hätte gemacht werden können, (der Versuch nämlich: Laster aufzustellen) wenn nicht gerade diese Stadt soeben, wie Frankfurt, den National-Liberalen verloren gegangen und in die Hände des Fortschritts gefallen wäre."

„Gewiß giebt es keinen einzigen national-liberalen Wahlkreis, in welchem man nicht den lebhaften Wunsch hegte, Lasker gewählt zu sehen, aber doch auch keinen, in welchem man den Muth hätte, selbst ihn aufzustellen. Die Judenhetze (?) hat Erfolg gehabt; (unschätzbares Zugeständniß) voraussichtlich wird der Rechtsanwalt Warburg in Altona der einzige Jude sein, der diesmal ein Mandat erringt. (Der Leitartikler hat nicht an Neu-Jerusalem, so man auch Berlin nennt, gedacht, wo der famose Stadtverordneten-Vorsteher Dr. Straßmann und der Nähmaschinenfabrikant Ludwig Löwe gewählt wurden. D. V.) Und ebenso sind die persönlichen Angriffe auf Lasker von Erfolg gekrönt gewesen. Es ist gelungen, ihm in dem Kern des Bürgerthums einen unpopulären Namen zu verschaffen. (Endlich.) Es ist nicht leicht, einen klaren Punkt dieser Unpopularität mitgetheilt zu erhalten, (wirklich?) aber Bauern und der kleine Handwerker sind nicht darauf eingerichtet, die Gründe ihrer politischen Sympathien und Antipathien in wohlgesetzte Worte zu kleiden; sie begnügen sich, mit dem Kopfe zu schütteln, wenn der Name Lasker genannt wird. (Läßt sich denken.) Daß Lasker, dem diese Symptome unmöglich entgangen sein können, sich unmöglich der Gefahr wiederholter Niederlagen aussetzen konnte, liegt auf der Hand."

Die Dresdner Zeitung wird, da sie nur in wenigen hundert Exemplaren erscheinen und lediglich der Unterstützung reicher Juden ihr Dasein verdanken soll, wohl nichts dagegen haben, wenn ich diese Aeußerung einem größeren Leserkreis zugänglich mache.

Ich hätte gewünscht, dieser ebenso wahren wie Selbsterkenntniß bekundenden Darstellung von Lasker's Niederlage in deutschen Blättern zu begegnen, es sind aber, wie schon gesagt, die meisten deutschen Zeitungen jüdischer als die Judenblätter selbst.

Lasker, der sich vermaß, in sittlicher Entrüstung einige seiner conservativen Gegner als Gründerdilettanten abzuschlachten[*], um dem Volke gegenüber den Tugendwächter zu spielen, und den Haß und die Verachtung des Volkes an die falsche Adresse zu richten, der aber die „correcten", d. h. berufsmäßigen und professionellen Gründer, bekanntlich zu 90% dem auserwählten Volke Israel angehörend, auf alle nur mögliche Weise in Schutz nahm und deren Handlungsweise beschönigte, — dieser Vater der Wucherer und der Wucherfreiheit, dieser Haupterzeuger der Actiengesetzgebung, welche den Vergehen gegen die blöde Menge Thür und Thor öffnet, während der Jurist Lasker, seinem pathetischen Ausspruche nach,

---

[*] Wagener, Fürst Putbus und Prinz Biron haben meines Wissens dies Handwerk so pfuschermäßig betrieben, daß sie dabei verarmten.

den Umgehungen des Gesetzes hätte vorbeugen können (f. S. 11), dieser Gründer der heutigen sogenannten Deutschen Reichsbank — diese „Mannesseele", die das Wohl des „kleinen Mannes" und des Mittelstandes wohl manchmal auf der Zunge, den Cassaschrank seiner Landsleute, der armen Millionäre vom Stamme Israel aber stets im Sinne hatte, der nichts für die deutsche, aber unendlich viel für die jüdische Nation gethan und geleistet hat — dieser Reichsverderber, sage ich, gehört ein für alle Mal zu den politisch Todten.

Wenn auch Israel Himmel und Hölle in Bewegung setzen wird, seinen „begabten Stammesgenossen" trotz Allem der Gesetzgebung des Deutschen Reiches zu erhalten, so werden doch alle Bemühungen in dieser Richtung am gesunden Sinne des noch immer nicht genug verderbten Volkes kläglich scheitern. Einen Verzicht auf das Reichstagsmandat von Seiten Lasker's darf aber die Nation nicht erwarten, da dem „auserwählten Volke" alles Andere eher als Bescheidenheit und Selbsterkenntniß nachgesagt werden kann.

Ich will wünschen, daß Lasker's Schicksal aber recht bald auch die vorhin genannten „Volksvertreter" und namentlich die uneigennützigen Bamberger und Miquél zu theilen haben. Daß der Letztere trotz Glagau's Enthüllungen noch in der letzten Wahlschlacht durchgekommen, ist mir ein Räthsel. Unwillkürlich muß ich an meinen Freund (?) Ofenheim denken.

Doch ich wollte ja noch einige Punkte des Programms der neuen Mittelpartei dem allgemeinen Verständniß erschließen! — Unabsichtlich fast schweifte meine Feder ab, als die Namen Lasker* und Miquél auf das Papier traten. Wenn ich dabei etwas bitter wurde, so halte man das meiner Entrüstung zu Gute, der es noch immer nicht einleuchten will, daß diese Leute mehr als ein Jahrzehnt eine so gewichtige Rolle spielen konnten. Freilich muß man sich auch wundern, daß die Manchesterleute Camphausen und Delbrück Minister werden, Michaelis noch bis vor Kurzem Unterstaatssecretär bleiben und neuerdings noch zum Chef des Reichs-Invalidenfonds ernannt werden konnte.

---

* Dieser Mann ist ein gewohnheitsmäßiger Lügner; er lügt so ohne alle Vorsicht, daß ihn sein Gedächtniß im Stiche läßt und er sich selber die allerärgsten Blößen giebt. Otto Glagau. Des Reiches Noth und der neue Culturkampf. Osnabrück, B. Wehberg 1879, Seite 48.

V.

Die Forderungen der neuen Partei stehen zum großen Theil auch auf dem Programme der Conservativen und namentlich sind es auch hervorragendste Mitglieder dieser Partei gewesen, welche zuerst und offenherzig mit dem Verfasser des Appells an die deutsche Nation (von Ostern 1879) zu correspondiren Veranlassung genommen haben.

Man hat indessen meine Freunde unter den Industriellen und den Gewerbetreibenden nicht zu bestimmen vermocht, die ursprünglich von Berlin ausgegangene Idee der Bildung einer neuen und vorwurfsfreien Mittelpartei fallen zu lassen und sich der conservativen Partei anzuschließen, einmal, weil sich die schon von jeher zahlreichen Conservativen im Reichstage und preußischen Abgeordnetenhause noch niemals herbeiließen, der „Judenfrage" und dem Schutze der ehrlichen Arbeit und des ehrlichen Erwerbs gegenüber klare und unzweideutige Stellung zu nehmen, und zum anderen, weil unter denjenigen Classen der Bevölkerung, die durch die sogenannte liberale und freisinnige Presse zum „Stimmvieh" degradirt und herabgewürdigt worden sind, eben durch diese Presse die Meinung Wurzel gefaßt hat, daß es der seitherige Conservatismus nicht ehrlich genug mit ihnen meine und daß dieser eine Reaction im Gefolge haben müsse, die nicht zu ihrem Vortheile ausschlagen könne.

Man wird, auch ohne diesen Standpunkt zu theilen, es im höchsten Grade befremdlich finden müssen, daß im Februar 1873, als Lasker die frivole Komödie mit den „Enthüllungen" aufführte, von den 116 im preußischen Abgeordnetenhause sitzenden Conservativen auch nicht ein einziger den Muth fand, das dreiste und raffinirte Gaukelspiel dieses „Volksvertreters" zu brandmarken und Herrn Lasker an die unendlich schwerer wiegenden Sünden seiner Stammesgenossen zu erinnern. Ebenso wird es jedem Patrioten für immer ein Räthsel bleiben, wie die Conservativen — und merkwürdigerweise allerdings auch das Centrum — den mannhaften Reichstagsabgeordneten v. Ludwig-Neuwaltersdorf bei seinem wiederholten tapferen Vorgehen gegen die Manchesterleute und den Gründungsschwindel im Februar 1876 und sogar noch im Februar 1879 allein und isolirt lassen und das wiederholte unwürdige Niederbrüllen desselben von jüdisch-nationalliberaler Seite zugeben konnten. Tausende meiner Collegen im Handel- und Gewerbestande haben das Gefühl, daß bei diesen Vorgängen die conservative Partei im Reichstage und Abgeordnetenhause ihre Schuldigkeit nicht gethan und somit auch ihrerseits gegen die Interessen des redlich arbeitenden und schaffenden Volks gehandelt hat.

Glaubten die Conservativen ein oder beide Augen zudrücken zu müssen, weil sie Leute wie v. Kardorff und v. Eckardstein-Proetzel* in ihren Reihen zählten?

---
* Auch semitischer Abkunft.

Was wollen aber diese paar Namen, die noch dazu zu den Frei=
conservativen, also den nächsten Wahlverwandten der Nationalliberalen
gehören, gegenüber der unendlich langen und stattlichen Reihe der Gründer
und Sünder bedeuten, die insbesondere die nationalliberale Fraction
und der Fortschritt stellte? —

Es ist wahrhaftig kein Zufall, daß am 7. October das preußische
Volk neben den alten Abgeordneten eine recht stattliche Anzahl „neuer
Leute" zu seiner Vertretung wählte.

Die Nation ist sich klar darüber geworden, daß es doch nicht
gleichgültig ist, wen man mit diesem höchsten Ehrenamte auszeichnet, sie
weiß aber eben so gut, daß den gesetzgebenden Körperschaften verzweifelt
wenige „Leute aus dem Volke", verschwindend Wenige aus dem practischen
Leben angehören und daß in den Händen der hohen Beamten vom grünen
Tische und der Advokaten ihre Interessen nicht immer am Besten auf=
gehoben sind. —

Unser Programm kann Jeder unterschreiben, der es
ehrlich mit der Wohlfahrt der Gesammtheit meint und ich
bin überzeugt, daß unsere Forderungen diejenigen **aller** recht=
schaffenen Leute sein werden, wenn erst einmal sich ein Jeder
von uns so ganz und recht als Theil der Gesammtheit fühlt.

Unsere Bestrebungen sollen allen kosmopolitischen und inter=
nationalen Manipulationen die Spitze abbrechen, gleichgiltig ob
dieselben in der **rothen** Blouse marschiren, oder sich hinter
schweren **goldenen** Uhrketten und mächtigen Cassaschränken
verstecken.

Und wenn wir nun auch einer scheinbar übermächtigen Coterie
gegenüber stehen, die sich vielleicht noch heute einbildet, uns mit leichter
Mühe zu Paaren treiben zu können, und wenn sich am Ende auch die
Rothen (im Bunde mit ihr) Mühe geben sollten, unser Programm als
nicht genügend für das Volk in ihren Kreisen zu verketzern, so **dürfen**
wir doch überzeugt sein, daß die Berechtigung der Existenz einer loyal
gesinnten Mittelpartei von den maßgebendsten Factoren nicht bestritten,
vielmehr ausdrücklich gebilligt wird und daß der gesunde Sinn aller
staatserhaltenden Elemente uns zum Siege verhelfen wird, selbst wenn
wir augenblicklich und für die nächste Zeit nicht die gewünschten Erfolge
erzielen sollten.

Die Wahlen zum Deutschen Reichstage werden unsere
Gegner belehren, daß unser Programm in die weitesten Kreise
der Nation gedrungen und seine Anhänger über die destructiven
Elemente den Sieg davon tragen werden.

VI.

Dutzende von Büchern könnte man füllen, wollte man sich des Näheren darüber aussprechen, in welcher Weise die am Ruder befindlich gewesenen Manchesterleute und namentlich der hebräische Flügel der Nationalliberalen mit den heiligsten Rechten des Volks umgegangen, dieselben mit Füßen getreten haben.

Unter den Phrasen: „der Freiheit eine Gasse" und „gleiches Recht für Alle" hat man der Nation, d. h. dem ehrlich schaffenden und arbeitenden Volke, ein Recht nach dem andern zu entreißen, dem Großcapital ein Privilegium nach dem anderen zu verschaffen gewußt.

Warme Rücksichtnahme für die Interessen der armen Millionäre und Unterordnung des Volks unter diese auf der einen Seite, geringes Verständniß für die Bedingungen einer gesunden Entwickelung der Gesammtheit auf der anderen Seite, ließen diejenigen Gesetze zu Stande kommen, die man sich gewöhnt hat, als manchesterliche zu bezeichnen und unter deren Herrschaft der Mittelstand unaufhaltsam und unfehlbar zu Grunde gehen muß.

Vor allen Dingen waltet über der Besteuerung der einzelnen Berufs- und Bevölkerungsclassen die unerhörteste Ungerechtigkeit.

Während die Einkommensteuer (in Preußen) auf das **mobile Capital** durchschnittlich wohl kaum $2^{1}/_{2}$ % bis 3 % beträgt, oder vielmehr betragen soll, muß der Gewerbetreibende und Kaufmann zusammen schon $4^{1}/_{2}$ bis 5 %, der städtische Hausbesitzer aber 7 bis 9 % und der ländliche Grundbesitzer gar 15 % seines Einkommens an Steuern im Durchschnitt abführen.

Ja, Fürst Bismarck sprach in seiner Rede vom 21. Mai ds. Js. von Gütern, welche noch viel höher mit Abgaben belastet sind.

So hat ein Gut im Solinger Kreise $27^{1}/_{2}$ %, ein anderes $21^{1}/_{2}$ %, ein drittes 22 %, ein viertes 19 %, ein fünftes 20 % Steuern zu zahlen, im Kreise Neuß giebt es solche die 21, 24 und 25 %, im Kreise Düsseldorf die 21 und 23 %, im Kreise Mettmann die 24 %, im Kreise Bonn die 25 % ihres Einkommens an Steuern und Abgaben für Staat und Commune aufbringen müssen.

Der Reichskanzler kommt dabei zu dem Schlusse, daß die durchschnittliche Belastung, welcher (in Preußen) das landwirthschaftliche Gewerbe unterliegt, auf 20 % für Staats- und Communalsteuern abgeschätzt werden kann, eine, wie er mit Recht hervorhebt, ganz exorbitante Besteuerung.

Dem gegenüber kann aber behauptet werden, daß das mobile Capital an der Börse und in den Banken kaum den oben angegebenen Satz ($2^{1}/_{2}$—3%) im Durchschnitt aufbringt, ja, daß ganz enorme

Summen, die sich in den Händen der semitischen Weltbanken befinden und sich jeder Controle entziehen, überhaupt keine Steuern bezahlen, also gänzlich steuerfrei sind.

Die großartigste Versündigung gegen die Interessen der Nation nach dieser Richtung hin haben sich die Schöpfer und Gründer der sogenannten deutschen Reichsbank, die Herren Bamberger, Lasker, Camphausen, Delbrück und Michaelis zu Schulden kommen lassen.

„Volksvertreter" und „Musterminister" vereinigten sich, ein Institut in die Welt zu setzen, welches zu Gunsten einiger wenigen, meist jüdischen Actionäre die Aufgabe hat, den ganzen deutschen Geldmarkt zu monopolisiren und die Kleinen einen nach dem andern „aufzufressen". Und diese, allem Rechts- und Gerechtigkeitsgefühle Hohn sprechende Gründung bekam den Mantel „Deutsche Reichsbank" umgehängt, damit die große Masse glauben solle, sie diene dem Reiche und die Nation erwerbe durch sie ungeheure Reichthümer. In Wahrheit ist aber diese Reichsbank die ärgste Schmarotzerpflanze des modernen deutschen Reichs, denn von dem jährlich bleibenden Reingewinn hat das Reich nur einen bejammernswerth bescheidenen Theil zu beanspruchen, während der Löwenantheil in die weiten Taschen der „internationalen Mitbürger" wandert, die bekanntlich die Actien dieser herrlichen Gründung schon längst unter sich getheilt, ja sogar schon die Verwaltungsrathsstellen unter sich vergeben hatten, ehe die übrige Menschheit sich auch nur zum Scheine daran betheiligen konnte.

Nur einige Brocken fielen für Diejenigen ab, deren Dienste dem Hause Israel & Co. unentbehrlich waren.

Binnen 24 Stunden wurde an den 20,000 Antheilscheinen, die mit 130 aufgelegt wurden, ein Agio von 6 Millionen Thaler in den Reservefonds der Reichsbank, also indirekt in die Taschen der Actionäre „verdient". Aber nach dem Tage der Zeichnung — am 4. Juni 1875 — wurden die begnadeten Zeichner ihre Antheilscheine mit einem Profitchen von 150 bis 200 Thaler reißend los. Ein Rebbes, wie ihn Israel noch selten gehabt. Zu keiner Zeit belohnte sich die „Intelligenz" des Stammes Juda glänzender und schneller als an diesem Tage. Eingeweihte haben in wenig Stunden Hunderttausende „verdient"; es geht nichts über einen Blick hinter die Coulissen, wo der erbärmlichste Egoismus und der nichtswürdigste Realismus ihre Orgien feiern.

Die Preußische Bank, welche dem Staate Preußen allein 1872 gegen 1,300,000 Thaler, 1873 aber mehr als 3,100,000 Thaler abwarf, somit eine Abfindungssumme von 25 Millionen Thaler ganz sicher werth war, verschleuderte der Musterminister Camphausen an die jüdische Actiengesellschaft um — 5,000,000 Thaler, ein Geschäft, das der Volksvertreter Bamberger ein brillantes zu nennen sich erfrechte.

Und diese herrliche „Reichsbank", welche 207 Filialen im deutschen Reiche unterhält und 1877 einen Umsatz von 47½ Milliarden, 1878 einen solchen von 44¼ Milliarden machte, bringt dem deutschen Reiche durchschnittlich nicht mehr als etwa 2 Millionen Mark pro Jahr ein — und ist, das erste und bedeutendste Unternehmen in Deutschland, vollkommen steuer- und abgabenfrei, während der ärmste Dienstbote und der kleinste Gewerbetreibende im Schweiße seines Angesichts mühsam die drückenden Abgaben erarbeiten muß.

Und wem dienen diese ungeheuerlichen Privilegien, die nur der gröbste Unverstand und die großartigste Vaterlandslosigkeit zugestehen konnte? Dem Volke Israel, und nicht blos den in Deutschland wohnenden Fremdlingen, sondern auch den reichen Juden in Paris, Wien, London 2c., denn die ausländischen Antheilseigner vermehren sich: 1876 gab es deren 1374, 1877 schon 1425 und 1878 = 1450*.

Ich frage Sie, ist denn wirklich die vielgerühmte Intelligenz der Juden — oder die Kurzsichtigkeit, Thorheit und Feigheit der Anderen das Piedestal des Reichthums Jener?

Ich kann die Juden nur in der Pfiffigkeit und Schlauheit: zu allen Zeiten die schwache Seite der Mitmenschen zu benutzen und auszubeuten, nur in dem Raffinement: zu rechter Zeit die maßgebenden Factoren durch allerlei und selbst sträfliche Mittel auf ihre Seite zu bringen zu suchen, als uns überlegen anerkennen.

Dies angenommen, haben wir die Fremdherrschaft nicht den Juden, sondern der Erbärmlichkeit der Anderen zuzuschreiben, eine Eigenschaft, die während des Manchester-Regiments recht bedenkliche Fortschritte und Ausbreitung unter den Deutschen gemacht und gefunden hat und geradezu zur Characterlosigkeit, zur Corruption und zur Verjudung führen muß! —

Ist nun auch von allen existirenden Actiengesellschaften die sogenannte deutsche Reichsbank die einzige, welche gänzlich steuerfrei ausgeht, so nimmt man es doch auch mit der gerechten Besteuerung der anderen Bank-Institute und einer Menge sehr großer anderer Unternehmungen nichts weniger als ernst.

Es bezahlte z. B., wie Wilmann's anführt, die Berliner Disconto-Gesellschaft im Jahre 1867 bei einem Reingewinn von 993,100 Thaler an Gewerbesteuer nur — 1380 Thaler, also etwa $1/8$ % ihres Einkommens, das heißt den zwölften Theil von demjenigen Steuersatze, welchen ein Handwerker oder Krämer entrichten muß.

Warum in aller Welt hat man das Tabak-Monopol, das Monopol der Eisenbahnen schon seit Jahren immer auf dem Tapet — während

---

* Otto Glagau, Des Reiches Noth und der neue Culturkampf. Osnabrück, B. Wehberg. Seite 225.

man das glänzendste, gewinnbringendste und eigentlich einfachste Monopol, das des Bankgeschäfts, noch nicht einmal biscutirt hat?

Ist es ein Verbrechen, an der **Macht der Juden** zu rühren, welche doch nicht einmal unsere heiligsten **Rechte** respectirten? Ich frage mich schon seit Jahren vergeblich, wie die deficitschwangeren Finanzminister noch nicht auf diese Idee kommen konnten, um dem kranken Staatshaushalte auf die Beine zu helfen? — Aber das ist es ja eben, **lieber ruinirt man eine oder einige Industrien — als daß man den Herren der modernen Welt auf die Hühneraugen tritt.**

Israel hat nach oben und unten hin sich Factoren dienstbar gemacht, die unbezwinglich scheinen, es indessen nicht sind.

Ist die Nation über die Wahrheit unterrichtet und ermannt sie sich endlich aus ihrer Versumpfung, so wird sie mit diesen Factoren nicht viel Federlesens machen und sie zertrümmern.

Die Beseitigung der Privilegien des Großcapitals, die nachgerade zu Privilegien der Juden geworden sind, muß die erste Aufgabe aller ehrlichen Leute sein. Daran knüpft sich unwillkürlich die Einführung einer gerechten progressiven Einkommen- und Erbschaftssteuer, denn ich sehe wahrhaftig keinen Grund, warum man die enormen Reichthümer, die doch einen viel größeren Anspruch auf den Schutz des Staates erheben müssen, nicht um mindestens das Doppelte besteuern sollte, als die Einkommen Derjenigen, die sich mit knapper Noth und Mühe kaum 3000 M. pro Jahr zu erschwingen vermögen. Dann wird man ein Einkommen unter 1000 oder 1500 M. nicht mehr **direkt** zu besteuern nöthig haben.

Ueber die Schaffung geeigneter Controle und Strafmaßregeln gegen falsche Einkommens-Declarationen und Vermögensangaben, namentlich internationaler Banquiers, die vielleicht in drei oder vier Staaten begütert sind, würden sich freilich Manche den Kopf zerbrechen müssen, ehe sie Erfolg verbürgen.

Gefunden müssen sie aber werden, wenn die „Gerechtigkeit für Alle" nicht bloße Phrase bleiben soll!

Daß nun aber auch die Erben ganz großer Vermögen, von vielleicht 3 Millionen Mark und darüber, einen wesentlichen Theil desselben dem Staate zur theilweisen Tilgung seiner Schulden überlassen müssen, wäre durchaus nicht unbillig, denn die großen Vermögen der Neuzeit entstammen doch nur der ins Großartigste getriebenen Pumpwirthschaft der Culturstaaten, die eine Anleihe nach der anderen machen, um die Völker immer mehr zu belasten. — — —

Damit glaube ich für weniger Eingeweihte und Reife die Punkte 1, 3 und 7 des Programms der neuen Partei hinreichend motivirt zu haben.

VII.

Die zweite Forderung der deutschen Reformpartei ist klar und deutlich und spricht für sich selbst, so daß kein ehrlicher Mann etwas dagegen vorbringen kann.

Etwas anderes ist es mit § 4 des Programms, der eine nähere Beleuchtung und Erörterung verdient.

Im vorigen Abschnitte wurde schon darauf hingewiesen, welche Ungerechtigkeit bei der Besteuerung der mobilen Werthe gegenüber der Besteuerung der immobilen Werthe obwaltet. Dasselbe läßt sich von der Besteuerung bei der Uebertragung dieser Werthe sagen.

„Während beim Grundbesitz", sagt der Freiher von Thüngen-Roßbach, „jeder Besitzwechsel mit 1% vom Werthe und darüber besteuert wird, gehen an der Börse täglich Werthe von vielen Millionen tag- und stempelfrei aus einer Hand in die andere. Die angestrengtesten Bemühungen aus landwirthschaftlichen (und gewerblichen) Kreisen nach Beseitigung dieser schreienden Ungerechtigkeit und Einführung einer B ö r s e n s t e u e r sind bisher stets an dem hartnäckigen Widerstande der l i b e r a l e n Kreise gescheitert," wieder ein glänzender Beweis, wie die „Volksvertreter" sich das Prinzip „gleiches Recht für Alle" zurecht zu machen verstanden haben.

„Zum Beweis, welche Ausdehnung die Spielwuth an der Börse gewonnen, und welche Summen eine richtig angelegte Börsensteuer tragen könnte, diene die Notiz, daß im Jahre 1875, also schon nach der großen Pleite, als für die Börsen schon die mageren Zeiten angetreten waren, nach den Berechnungen des darin competenten „Börsen-Couriers" allein an der Berliner Börse die sämmtlichen überhaupt vorhandenen Creditactien, Lombarden und Franzosen siebenmal umgeschlagen worden sind, was einen Umsatz von 4000 Millionen Mark ergibt. Eine Börsensteuer analog jener Taxe für die Besitzveränderung von Immobilien mit 1% des Werthes würde aus diesen drei Spielpapieren an der einzigen Berliner Börse die Summe von 40 Millionen Mark ergeben haben."

„Mag nun auch 1% des Umsatzes zu hoch erscheinen, so ist doch ⅕ bis ⅓ % sicher nicht zu hoch, letzteres ist sogar das in Preußen für die Besitzveränderung von Mobilien zu Recht bestehende Procent. Wenn durch eine solche Steuer das Börsentreiben eingeschränkt, oder auch ganz verhindert würde, so wäre das ein großer Segen für das deutsche Volk, denn die Börse hat schon unendlichen Schaden unter den Völkern angerichtet, aber noch keinen wahrhaften Nutzen gebracht."

Wenn nun auch außerhalb der Bank- und Börsenkreise alle Welt darüber einig ist, daß die Ein- und Durchführung einer Börsensteuer eine absolute Nothwendigkeit ist und dieselbe allein schon vom moralischen und Rechtsstandpunkte aus dictirt sein müßte, so hat sich doch selbst noch bis in die allerneueste Zeit und obwohl sich allenthalben die Strömung gegen den After-Liberalismus immer überwältigender und unbezwinglicher geltend macht, die Macht der goldenen Internationale so stark bewiesen, daß weder ein Ministerium, noch die rechtlich denkenden Volksvertreter sie durchzusetzen vermochten. Noch vor wenig Wochen haben die Bank- und Börsenleute mit den von ihnen abhängigen Gesetzgebern im Oesterreichischen Reichsrathe die beabsichtigte Börsensteuer zu Falle gebracht.

Hoffen wir, daß das preußische Abgeordnetenhaus seinen Verpflichtungen gegen das preußische Volk mit mehr Gewissenhaftigkeit nachkommt und die zum Himmel schreiende Bevorzugung der armen Millionäre endlich aufhört. Die Nation hat deutlich genug bei den Wahlen gesprochen: man beachte diese Stimmung, damit das immermehr aufgeklärt werdende Volk nicht noch den letzten Rest von Vertrauen zu seiner Vertretung verliert.

Die §§ 5 und 6 des Partei-Programms bedürfen einer eingehenderen Begründung nicht.

Das Geldmachen, d. i. die Herstellung von Werthzeichen aus Metall oder Papier, ist von jeher ein staatliches Hoheitsrecht gewesen und es ist wahrlich nicht länger am Platze, daß der Staat die Ausübung dieses Hoheitsrechts mit meist jüdischen Banquiers und Finanzbaronen theilt.

Daß es überhaupt dahin kommen konnte, ist wieder eine der vielen Versündigungen der maßgebend gewesenen jüdischen Reichstagsabgeordneten und ihrer oben genannten Bundesgenossen aus dem Germanenthum — gegen die Interessen und gegen die Rechte der Nation.

In die lange Reihe der Kette dieser Sünden gehört auch die unnamentlich von Bamberger in Scene gesetzte colossale Entwerthung des Silbers, die dem deutschen Volke wohl schon mehr als 200 Millionen Mark kostet. Wir haben eben heidenmäßig viel Geld — zum Hinauswerfen. —

Daß die neue Partei die Aufhebung der Banknoten- und Münz-Prägungs-Privilegien möglichst ohne alle Entschädigung verlangt, kann man ihr wahrlich nicht verdenken — nirgendwo ist Wiedervergeltung mehr am Platze als hier: wenn die „liberalen Freiheitshelden" die Aufhebung aller früheren Privilegien der Innungen, Gewerbetreibenden, Handwerker ꝛc. im Handumdrehen und ohne Entschädigung durchsetzen konnten, so können sie schlechterdings nichts dagegen haben, wenn sich der Spieß nun endlich auch einmal gegen ihre Freunde und das gut honorirende Geldprozenthum kehrt.

Die neue bürgerliche Mittelpartei will eben das „gleiche Recht für Alle" in der That und nicht bloß als Phrase: die „Dummen" zu ködern.

VIII.

Ich komme nun noch zu § 8 des Partei-Programms und da kann ich annehmen, daß über die Berechtigung dieser Forderung unter ehrlichen Leuten nur eine Stimme herrscht.

Der über alle Maßen eingerissenen Pumpwirthschaft im Handel- und Creditverkehr gebührt ein Löwenantheil an unserem Elende, denn sie erzieht — Lumpe, und macht die ehrenhaften Geschäftsleute dem semitischen Capitale tributpflichtig.

Schon seit Jahren bestrebt man sich aller Orten, die faculative Baarzahlung oder wenigstens die pünktliche Zahlung binnen 3 Monaten durchzusetzen. — Was ist das Resultat?

Die Pumpwirthschaft wird von Jahr zu Jahr, von Woche zu Woche größer, ausgedehnter und zusehends gebräuchlicher. Daher die reactionären Schritte verschiedener Handelskammern um Wiedereinführung der Schuldhaft.

Es ist beschämend genug, daß gerade die sogenannten achtbarsten und ansehnlichsten Handelshäuser der Pumpwirthschaft durch ihre „Coulanz" den thunlichsten Vorschub leisten. Mir sind insbesondere große Häuser in der Manufactur- und Tuchbranche bekannt, die 9, 12 ja sogar 18 Monate Credit geben, um dadurch die Kundschaft an sich zu fesseln und den kleineren Concurrenten das Aufkommen zu erschweren oder ganz unmöglich zu machen. Nun ist aber dem nicht zu widersprechen, daß Borgen abhängig macht und es ist nur zu wohl begreiflich, daß die Abnehmer, wie es die Erfahrung lehrt, sich mit Waare überladen, um sich ihren „coulanten" Lieferanten gegenüber erkenntlich zu zeigen. Auf diesem Wege wird aber der sonst ganz solide und ehrliche Kunde zu falschen Dispositionen und schließlich zur Schleuderei genöthigt, die sehr häufig den Ruin des Abnehmers und den Verlust für den Lieferanten herbeiführt.

Den meisten Reisenden ist es ja doch immer mehr um die Commissionen, als um die Gelder zu thun — und, Hand auf's Herz, wie wenig würde man unter heutigen Verhältnissen umsetzen können, wenn man nur an gänzlich und zweifellos sichere Leute verkaufen wollte? Es ist traurig aber wahr, die „felsenfest feinen" Häuser sind kaum noch nach Dutzenden zu zählen, das Gros der meisten Geschäfte ist ohne hinreichenden Fonds und ohne Hilfsmittel für allerhand Eventualitäten. Ein großes, schwer realisirbares Waarenlager, viele unsichere und zweifelhafte Außenstände, ein verhältnißmäßig schwacher und täglich kleiner werdender Umsatz, das ist das Misère der meisten kleineren und mittleren Geschäftsleute: ein oder mehrere Verluste an Außenständen, unerwartete Retourwechsel, ein hartherziger Gläubiger, die seit dem 1. October ganz enormen Advokaten- und Gerichtskosten — und der Ruin ist da, ist unvermeidlich!

Wer wagt mir zu widersprechen?

Wir leiden nicht allein an der Ueberproduction von Fabrikaten, sondern mehr noch und schwerer an der Ueberproduction von Händlern und Schacherern. Und was trägt Schuld an dieser Ueberproduction? Lediglich die Ueberwucherung, das geradezu entsetzliche Ueberhandnehmen des jüdischen Elements in unserem theuren und doch so armen Vaterlande!

Ist man sich denn noch immer nicht darüber klar, warum Deutschland und Oesterreich vorzugsweise mit dieser Einwanderung beglückt werden? Warum haben wir in unserem armen Deutschland beinahe 750,000 Juden, während das reiche Frankreich kaum 80,000, also nur etwa den zehnten Theil davon, aufzuweisen hat?

Nun, weil wir Deutschen vor lauter Toleranz und Humanitätsduselei Israel zu unserem Herrn gemacht haben und es Diesem daher nirgend wohler geht, als bei uns. Die Einwanderung der semitischen Race (und welcher Sorte!) aus den östlichen Provinzen Oesterreich-Ungarns und aus Rußland nimmt wahrhaft bedenkliche Dimensionen an und die schon Eingewanderten lassen es an Vermehrung ihrer Sprößlinge bekanntlich nicht fehlen.

Thatsache ist, daß die Vermehrung der Angehörigen semitischer Nation auf deutschem Grund und Boden — die Vermehrung der Deutschen weit hinter sich läßt. — Kein Wunder, daß man unter solchen Verhältnissen schon von einem „sogenannten Deutschen Reiche" reden hört und diese Ausdrucksweise schon gedruckt vorkommt. —

Die elende Lage von Handel und Gewerbe ließ eine ganz neue Art von Unternehmungen entstehen: die Auskunfts-Büreaux, die natürlich auch in semitischen Händen sein müssen und die ihre Existenz und ihre Ausbreitung der immer schlimmer werdenden Pumpwirthschaft verdanken, die man zarter und undeutscher Weise „Creditwirthschaft" zu nennen sich Mühe giebt.

Daß die Existenz dieser Büreaux unter den eben geschilderten Verhältnissen eine nur zu wohl berechtigte ist und in manchen Fällen mehr nützt als schadet, kann nicht in Abrede gestellt werden, daß es aber besser wäre, es würde durch Beschränkung der elenden Borgwirthschaft ihre Hülfe entbehrlich, wird Jedermann zugeben müssen. Es ist jedenfalls nicht das anständigste Brod, gewerbe- und professionsmäßig Auskunft über die verschiedensten Personen zu geben, und Jeder meiner Collegen aus dem Handelsstande wird darunter Leute genug kennen, die nichts weniger als vertrauenerweckend und vertrauenswürdig erscheinen, vielleicht auch gar zu einer „schwarzen Bande" gehören. Thatsächlich und erfahrungsgemäß sind kaum die Hälfte der durch ein solches Büreau eingeholten — und nicht einmal billigen — Auskünfte verläßlich, ich würde vielmehr Hunderte von Informationen bringen können, die (wohl leichtfertiger Weise oder böswillig) direct mit der Wahrheit im Widerspruch stehen und mir und befreundeten Häusern große Nachtheile zugefügt haben

— allein unter den nun einmal ungesunden Verhältnissen sind die Büreaux eine kaum zu missende Schmarotzerpflanze. —

Warum wird nun aber, auch abgesehen von den nicht productiven und nur aussaugenden Elementen Israels — die Lage des Mittelstandes immer trostloser?

Weil, wie ich des Weiteren in meiner ersten Schrift ausgeführt habe, dem deutschen Volke mehr als 1000 Millionen Thaler an die Herren Gründer verloren gegangen sind, die dafür Bank-Directoren, Commerzienräthe, Generalconsule, Barone geworden sind, während man die kleinen . . . . denn es ist rühmlicher, seinen vollen Geldbeutel mit den sauer erworbenen Hunderten und Tausenden seiner Mitbürger noch schwerer zu machen, als — ein Brod zu escamotiren, die hungernde Frau und die hungrigen Kinder zu sättigen. Wir haben ja „das gleiche Recht für Alle". —

Die früheren Besitzer dieser 1000 Millionen Thaler haben damit den Handel und das Gewerbe unterstützt, die heutigen vereinzelten Inhaber dieser Summen nützen damit dem großen Ganzen aber gar nichts, sind vielmehr darauf aus, mit diesem Gelde das Volk noch vollends auszurauben.

Die Kaufkraft der Nation ist also um soviel verringert, als die Weltbanquiers sich „angeeignet" haben, und nun sucht Jeder von dem noch übrig gebliebenen kleinerem Geschäfte so viel als möglich an sich zu reißen, indem er immer billiger wird und dem trügerischen Grundsatze verfällt, „die Masse muß es bringen".

Allein so denkt eben Jeder, ein Jeder will mit seinen billigeren Preisen einen doppelt oder vierfach größeren Umsatz machen und Keiner denkt daran, daß dazu weiter nichts fehlt, als — die doppelte oder vierfache Anzahl von Consumenten. Nun ist jeder schließlich auf dem niedrigsten Niveau angekommen, einige besonders gut gelegene Ramschgeschäfte erfreuen sich noch einige Zeit länger eines leidlichen Besuchs, dann wird es stiller und stiller und endlich sind auch diejenigen Verkaufslocale leer, wo „die Waare halb verschenkt wurde".

Auf diese Weise muß Alles auf den Hund kommen! denn wenn kein Mensch mehr etwas verdient, kann er natürlicher Weise auch Anderen nichts mehr verdienen lassen.

Je mehr wir uns einschränken müssen, desto mehr nehmen wir unserem Nachbar, unserem Mitbürger die Möglichkeit, ein menschenwürdiges Dasein fristen zu können, und da sich Alles im Kreise bewegt und eine Hand die andere wäscht, weil Einer vom Anderen leben soll und leben muß, so werden wir uns so lange einschränken, bis wir absolut nichts mehr einzuschränken haben, bis uns nichts weiter übrig bleiben wird, als der Fluch unseres Elends. —

Aber nicht allein, daß vornehmlich die Söhne Israels es sind, die sich in den Preisen aller Artikel gegenseitig unterbieten und damit ihre deutsche Concurrenz zwingen, sich zu ihren Spießgesellen zu begradiren und der Verjudung anheimzufallen, so daß schließlich kein Mensch mehr auch nur den geringsten Nutzen haben kann, — sondern auch eine Menge kleiner Geschäftsleute, die sich nicht anders zu helfen wissen, „lombardiren" ein Stück Waare nach dem anderen beim Pfandleiher oder Rückkaufshändler, sind nicht im Stande, pünktlich einlösen zu können und schaffen sich dadurch die Krone aller Concurrenz: die schwarze Bande, die, aus lauter arbeitsscheuem Gelichter bestehend, in allen Auctionen herumlungert, alles halbwegs brauchbare für ein Lumpengeld ersteht und den ganzen Kram dann wieder unter sich selbst versteigert.

Man muß sich für das Elend des Volks interessiren, um so nach dem Leben schreiben zu können — möchten sich doch die Regierenden einmal die Mühe geben, diese Vampyre bei der Arbeit zu beobachten und sie in ihren Schlupfwinkeln aufzusuchen. Ich muß zu meiner Beschämung gestehen, daß sich unter diesem Gesindel beinahe ebenso viele Deutsche als Juden befinden, an Intelligenz und Raffinement werden aber Beide vom Judenweibe noch überboten.

Von diesem Volke kaufen nun eine Menge kleine und leider manchmal auch recht vornehme Leute — ihre Geburtstags- und H o c h z e i t s geschenke, häufig um einen Pappenstiel, häufig auch theurer als im feinsten Laden, ganz nach dem geistigen Vermögen des Käufers, der nicht immer das Pulver erfunden hat.

Wenn ich recht unterrichtet bin, haben unter dieser Sorte von Concurrenz namentlich die Juweliere und die Uhrmacher zu leiden!

Wie viele Geschäfte werden dadurch dem soliden Handel und Gewerbe entzogen, die doch von Jahr zu Jahr höhere Steuern aufbringen müssen!

IX.

Ich bin ein Pessimist, nicht wahr? Unsere Zustände sind nur grau und ich halte sie für schwarz?

„Sehen Sie sich die Ballsäle, die Tingeltangel, die Theater an," ruft man mir entgegen, „wie können Sie angesichts solchen Menschen-Gewimmels noch von „schlechten Zeiten" reden?"

Wie gerne möchte ich diese und ähnliche Argumente gegen mich gelten lassen, — wenn sie nicht leider f ü r meinen Pessimismus zeugten!

Mit wenig Ausnahmen sind alle diese lachenden, fröhlichen, singenden, hüpfenden, tanzenden Menschen — überschuldet bis über die Ohren. Man tanzt auf einem Vulcan! Nichts als Galgenhumor spricht aus den Leuten und — das Schlimmste dabei — sie sind sich dessen nicht einmal bewußt!

Wie oft hat man mir Leute gezeigt, die das letzte Kleinod, das theuerste Andenken für wenige Gulden versetzten, um nur noch einmal in die Walhalla oder in den Schützenhof, in den Fortuna-Saal oder in den Circus gehen zu können. Haben Sie die erschütternde Notiz aus Schweinfurt gelesen? wo der Arzt zum sterbenden Vater eines eben vom Balle kommenden Mädchens gerufen wird, und weder Bett und Stuhl, noch das Nothdürftigste vorfindet — nichts als den sterbenden Vater auf den Dielen und das Mädchen im Ballstaat!

Das ist übertrieben, meinen Sie?

Welcher Volksfreund möchte das nicht wünschen? Und doch — es ist so.

Sie glauben es trotzdem nicht?

Nun, was sagte der Volkstribun Eugen Richter eines Tages im preußischen Abgeordnetenhause?

Die besten Kunden der Leihämter, Pfandleiher und Rückkaufshändler sind Studenten, Offiziere, kleine Geschäftsleute und Nähmädchen, und am meisten blüht das Geschäft um die Zeit der Opern- und Subscriptions-Bälle!!

Ist das deutlich?

Glauben Sie, daß ich Ihnen ein Märchen auftische, wenn ich Ihnen sage, daß sich in Berlin seit etwa 8 Jahren die Pfandleihgeschäfte von 40 auf 1000 vermehrt haben?

Doch genug von diesem Elende, lassen Sie sich auf dem Rathhause sagen, in welch' bedenklicher Anzahl sich die Steuer-Rückstände häufen — nehmen Sie dann allen Muth zusammen und sagen Sie mir darnach: Sie haben Unrecht, Sie haben übertrieben!

Mein deutsches Volk! Israel wagt es, Dir mit der Auswanderung der Gründer und Sünder zu drohen, wenn der begonnene Vertheidigungskampf, den sie Judenhetze nennen, noch mehr entbrennen sollte, — laß' sie ziehen, sie haben **niemals** eine **fruchtbringende**, sondern stets eine **aussaugende** Thätigkeit entfaltet, **Du verlierst nichts an solchen Elementen** und andere Völker werden sie früher oder später ebenfalls abschütteln, bis ihnen nur noch ihr gelobtes Land Zuflucht geben wird, das sie nicht mit leeren Taschen, wohl aber mit den Früchten Deines Schweißes betreten werden.

Mein deutsches Volk! Ermanne Dich, gehe in Dich — sieh in den Spiegel, den ich Dir vorgehalten und entscheide

Dich dann, ob Du noch vollends versumpfen und untergehen willst — oder ob Du Dich stark genug fühlst, mit dem Programme der Deutschen Reform-Partei Deinen Regenerations-Prozeß durchzumachen!

Unserem glorreichen Kaiser und dem eisernen Kanzler aber möge es vergönnt sein, den Sieg unserer gerechten Sache zu erleben und das deutsche Volk ledig seiner Fesseln zu sehen, die ihm die goldene Internationale mit ihrem Golde, mit ihren feilen Knechten und mit ihrer Presse auferlegte. — —

Wir wollen das **thatsächliche** gleiche Recht für Alle, und somit die Beseitigung aller dem Großcapital voreilig eingeräumten Vorrechte und eine maßvolle Beschränkung der **schrankenlosen** angeblichen Freiheiten, welche die Ordnung und den Wohlstand untergraben haben, um einige jüdische Millionäre mehr wie früher zu erzeugen.

Hinter den heutigen Zuständen lauert die **Revolution**, der Kampf Aller gegen Alle, beugen wir diesem vor, indem wir mannhaft und treu für wahre Freiheit und wahre Gerechtigkeit eintreten und lassen wir uns nicht bethören durch die servile sogenannte unabhängige Presse mit ihrem Geschrei von der Reaction:

Es ist die Reaction gegen Verzweiflung und Verarmung, gegen Kummer und Noth, gegen Hunger und Elend!!!

Nachtrag.

„Die Juden", sagt der Rechtsphilosoph **Klüber** in seiner „Uebersicht der diplomatischen Verhandlungen des Wiener Congresses", Band 3, „sind eine politisch-religiöse Secte unter strenge theokratischem Despotismus der Rabbiner. Sie bilden eine erblich verschworene Gesellschaft für das gemeine Leben und den Handelsverkehr, für eigene Volksbildung, für kastenartigen Familiengeist. Den Geist des Judenthums erkennt man im Allgemeinen an kirchlichem Glaubenshochmuth, die Juden bilden sich ein, die Auserwählten Gottes zu sein, erhaben über alle Nichtjuden (Gojim) und physisch und sittlich verschieden von diesen, die ganz ausgerottet werden müssen. Die Vernunft beweist und die Erfahrung bestätigt es, daß Kastengeist, am wenigsten der politisch-religiöse, unverträglich sei mit Staats- und Gemeinwohl. Nun begründet aber das Judenthum bis zur Stunde in politischer, religiöser und physischer Hinsicht einen Kastengeist, dessen Gleichen im ganzen christlichen Europa nicht gefunden wird. Dieses Verhältniß macht einen fortwährenden Antagonismus zwischen Staat und Judenthum unvermeidlich. Der Judenschaft, wie sie vor unseren Augen lebt, volle Staatsbürgerschaft, völlig gleiche Rechte mit allen Staatsbürgern ertheilen, die nicht in solchem Widerstreit mit dem Staate leben, wäre ebensoviel, als jenes Uebel in einen unheilbaren Krebs verwandeln."

Der große **Kant** spricht sich in seiner „Anthropologie in pragmatischer Hinsicht, Leipzig 1833" aus wie folgt: „Die unter uns lebenden Palästiner sind durch ihren Wuchergeist, auch was die größte Menge betrifft, in den nicht ungegründeten Ruf des Betrugs gekommen. Es scheint zwar befremdlich, sich eine Nation von Betrügern zu denken, aber eben so befremdlich scheint es doch auch, eine Nation von lauter Kaufleuten zu denken, deren bei Weitem größter Theil durch einen alten Aberglauben verbunden, keine bürgerliche Ehre sucht, sondern den Verlust dieser letzteren durch die Vortheile der Ueberlistung des Volks, unter dem sie Schutz finden und selbst ihrer unter einander ersetzen wollen — —"

J. G. Fichte schreibt in seinen „Berichten zur Berichtigung der Urtheile über die französische Revolution": „Fast durch alle Länder Europas verbreitet sich ein mächtiger, feindseliger Staat, der mit allen andern in beständigem Kriege lebt, und furchtbar schwer auf die Bürger drückt, es ist das Judenthum. Ich glaube nicht, daß dasselbe dadurch,

daß dieser Staat auf den Haß des ganzen menschlichen
Geschlechts gegründet und aufgebaut ist, so fürchterlich
werde — — — von solch' einem Volke sollte sich etwas Anderes erwarten lassen, als daß geschieht, was wir täglich sehen: daß in einem
Staate, wo der unumschränkteste König mir meine väterliche Hütte nicht
nehmen darf und wo ich gegen den allmächtigen Minister mein Recht
finde, mich doch jeder Jude, dem es einfällt, ganz ungestraft ausplündert!
— — Den Juden Bürgerrechte zu geben, dazu sehe ich kein
anderes Mittel, als das, ihnen in einer Nacht die Köpfe
abzuschneiden und andere aufzusetzen, in denen auch nicht
Eine jüdische Idee ist; und um uns vor ihnen zu schützen,
dazu sehe ich kein anderes Mittel, als ihnen ihr gelobtes
Land wieder zu erobern und sie alle dahin zu schicken."

„Wie die Egypter", schreibt Herder in seinen „Ideen zur Geschichte
der Menschheit", „fürchteten die Juden das Meer und wohnten von jeher
lieber unter anderen Nationen, ein Zug des Nationalcharakters, gegen
den schon Moses mit Macht ankämpfte. — — — Kurz es ist ein Volk,
das in der Erziehung verdarb, weil es nie zur Reife einer politischen
Cultur auf eigenem Boden, mithin auch nicht zum wahren Gefühle
der Ehre und Freiheit gelangte. — — — Der Tugenden eines
Patrioten hat sie ihr Zustand von jeher beraubt. Das Volk Gottes
ist eine parasitische Pflanze auf den Stämmen anderer
Nationen, ein Geschlecht schlauer Unterhändler beinahe
auf der ganzen Erde, das nirgends sich nach einem Vaterlande sehnt. — — Ein Ministerium, bei dem der Jude Alles gilt,
eine Haushaltung, in der ein Jude die Schlüssel zur Garderobe und zur
Casse führt, ein Departement oder Commissariat, in welchem Juden die
Hauptgeschäfte treiben, eine Universität, auf welcher Juden als Mäkler
und Geldverleiher der Studirenden geduldet werden: das sind auszutrocknende pontinische Sümpfe. Denn nach dem Sprichwort: wo ein Aas liegt, da sammeln sich die Adler und
wo Fäulniß ist, da hecken Insekten und Würmer."

Und endlich: Schopenhauer sagt in seinen „Artikeln über Rechtslehre und Politik": „So ist denn noch heute dieser Johann ohne Land
unter den Völkern auf dem ganzen Erdboden zu finden, nirgends zu
Hause und nirgends fremd, behauptet dabei mit beispielloser Hartnäckigkeit seine Nationalität. — — Demnach ist es eine höchst oberflächliche und falsche Ansicht, wenn man die Juden blos
als Religionssecte betrachtet; wenn aber gar, um diesen
Irrthum zu begünstigen, das Judenthum mit einem der
Kirche entlehnten Ausdruck bezeichnet wird als jüdische
Confession, so ist dies ein grundfalscher, absichtlich auf
das Irreleiten berechneter Ausdruck, der gar nicht gestattet
sein sollte. Vielmehr ist die „jüdische Nation" das Richtige. . . . Daß

die dem jüdischen Nationalcharakter anhängenden bekannten Fehler, worunter eine wundersame Abwesenheit alles dessen, was das Wort Scham ausdrückt, der hervorstechendste, wenngleich ein Mangel ist, der in der Welt weit besser hilft, als vielleicht irgend eine positive Eigenschaft, daß diese Fehler hauptsächlich dem Drucke (?) zuzuschreiben, entschuldigt sie zwar, hebt sie aber nicht auf." — — —

Der Liberale R. v. Mohl urtheilt folgendermaßen:
Es ist nicht richtig, „daß die Juden mit einziger Ausnahme der Religion der übrigen Bevölkerung wesentlich gleichartig sind . . . Der eine Punkt, in welchem die Voraussetzung als wesentlich unrichtig bezeichnet werden muß, ist der, daß man die doppelte Nationalität derselben übersehen hat . . . Der Jude ist nicht Deutscher allein, sondern er ist auch Jude; ja er ist dies sogar vor allem und ehe er Deutscher ist und sich als solcher fühlt." „Die Juden halten an ihrer Stammeseigenthümlichkeit mit unerschütterlicher Festigkeit, sind von ihr ganz durchdrungen . . . und bleiben nach Jahrhunderten vollkommen getrennt und verschiedenartig" . . . Sie bilden nirgends eine geschlossene auf einem bestimmten Territorium zusammenbleibende Gesammtheit, sondern sind in einzelnen Familien zerstreut über das ganze Land. Und doch verbleiben sie in ihrer Eigenart, sind ihren in anderen Staaten in gleicher Weise lebenden Stammverwandten gleichartiger und zugethaner als ihren zufälligen, thatsächlichen Landsleuten. — Der zweite Punkt, in welchem jene Voraussetzung sich als unrichtig erweist, ist die entschiedene Scheu der Juden vor gerade denjenigen Arbeiten, auf welchen die Gesellschaft vorzugsweise beruht, nämlich vor Ackerbau und jedem eine starke Körperkraft erfordernden Handwerke. Auch da, wo sie seit Jahrzehnten Grund und Boden erwerben, jedes Gewerbe betreiben dürfen, gehört es zu den seltensten Ausnahmen, daß ein Jude das Feld selbst bebaut oder das Handwerk eines Schmiedes, Zimmermannes, Maurers und dergl. betreibt; man findet sie nicht unter den Eisenarbeitern, den Matrosen, den Bergleuten. Zur Noth ergreifen einige die feineren Gewerbe, z. B. eines Gold- oder Silberarbeiters, eines Buchhändlers, Buchbinders. Der größte Theil geht dem Handel in seinen verschiedensten Zweigen und Dienstleistungen nach; ein anderer, im Verhältnisse zur Gesammtzahl der jüdischen Bevölkerung immerhin sehr bedeutender Theil widmet sich den Wissenschaften und Künsten oder treibt das gewerbemäßige Literatenthum. . . . Man soll nicht behaupten, daß dies ein gesunder, den wahren Interessen der Gesellschaft zuträglicher Zustand sei; man soll nicht übersehen, daß hier eine eigenthümliche und fremdartige Natur des Stammes hervortritt. Vollkommen einverstanden mit der besonderen Befähigung des Juden zum Handel kann man recht gern sehen, wenn er in größeren oder kleineren Geschäften thätig ist und dabei reich wird. Allein die große Menge der angeblich Handel treibenden Juden gehören nicht in diese nützliche und ehrenwerthe Klasse. Durch ein Uebermaß von Zwischenhändlern, Hau-

firern und Schachern werden keine Werthe erzeugt; ihre ganze Thätigkeit ist überflüssig. Was sie mit zum Theil sehr zweifelhaften Geschäften gewinnen, wird bloß Anderen, Einfältigeren abgenommen. Ebenso sind Hunderte und Tausende von fetten Börsen-Speculanten, welche nicht etwa Bankgeschäfte machen und den Großhandel durch Wechsel- und Geldgeschäfte fördern, sondern nur in fieberhaftem Müßiggange in den Staatspapieren spielen, eine wahre Pestbeule unserer jetzigen Zustände, mögen sie auch durch Zufall und die Dummheit Dritter reich werden. Und in gleicher Weise verhält es sich mit dem Schwarm des jüdischen Literatenthums. . . . Eine wahre Calamität für die wahre Bildung, für die politische und die gesellschaftliche Moral ist das grundsatzlose, nomadische Literatenthum mit seiner Frechheit, seinem falschen Geistreichthum, seiner Aufstachelung jeder noch so nichtnutzigen Mode-Thorheit oder -Leidenschaft. Nicht alle diese Beduinen der Presse sind freilich Juden, aber verhältnißmäßig viele. Man hatte gehofft, und es war dies für Manche der Grund einer Billigung der unbedingten Emancipation, daß die Eröffnung aller Arten von erlaubten Beschäftigungen die Zahl der in das schlechte Literatenthum gedrängten Juden vermindern werde; dies ist aber bis jetzt nicht eingetroffen und es scheint, daß man die nationale Abneigung gegen hartarbeitende Thätigkeit nicht genugsam beachtet hat."

Der Jude **Lasalle**, der Gründer der Socialdemokratie, sagte 1862: „Wenn Jemand Geld verdienen will, so mag er Cotton fabriciren oder Tuche, oder auf der Börse spielen. Aber, daß man um schnöden Gewinnstes willen alle Brunnen des Volksgeistes vergifte und dem Volke den geistigen Tod täglich aus tausend Röhren credenze, — es ist das höchste Verbrechen, das ich hassen kann. . . . Ich nehme, die Seele voll Trauer, keinen Anstand, zu sagen: wenn nicht eine totale Umwandlung unserer Presse eintritt, wenn diese Zeitungspest noch 50 Jahre so fortwüthet, so muß dann unser Volksgeist verderbt und zu Grunde gerichtet sein bis in seine Tiefen! Denn Ihr begreift, wenn Tausende von Zeitungsschreibern, diese heutigen Lehrer des Volks, mit 100 000 Stimmen täglich ihre stupide Unwissenheit, ihre Gewissenslosigkeit, ihren Eunuchenhaß gegen alles Wahre und Große in Politik, Kunst und Wissenschaft dem Volke einhauchen, dem Volke, das gläubig und vertrauend nach diesem Gifte greift, weil es geistige Stärkung aus demselben zu schöpfen glaubt, nun, so muß dieser Volksgeist zu Grunde gerichtet werden und wäre er noch dreimal so herrlich! Nicht das begabteste Volk der Welt, nicht die Griechen hätten eine solche Presse überdauert. Halten Sie fest, mit glühender Seele fest an dem Losungswort, das ich Ihnen zuschleudere: Haß und Verachtung, Tod und Untergang der heutigen Presse! Es ist das eine kühne Losung, ausgegeben von einem Manne gegen das tausendarmige Institut der Zeitungen, mit welchem schon Könige vergeblich kämpften! Aber so wahr Sie leidenschaftlich und gierig an meinen Lippen hängen, und so wahr meine Seele in reinster Begeisterung erzittert, indem sie die Ihrige überströmt, so wahr durchzuckt mich die Gewißheit: der Augenblick wird kommen, wo wir den Blitz werfen, der diese Presse in ewige Nacht begräbt."*

Und **Julian Schmidt** schreibt in seiner „Geschichte der neuen deutschen Literatur": „In dem geschäftlichen Zweige der Literatur, der Journalistik, bilden die Juden jetzt die ungeheure Mehrheit. Daher die Empfindlichkeit, wenn man auf das Judenthum zu sprechen kommt. Fast sieht es so aus, als seien die Juden noch immer das auserwählte Volk und durch ein Privileg gegen die Angriffe geschützt, die sich jede andere Nation gefallen lassen muß. Gegen die Deutschen haben Börne, Heine und ihre (jüdischen) Glaubensgenossen eine ganze Scala von Schimpfwörtern angewandt, vom „Bedientenvolke" an bis zum „Nachtstuhl" und gegen das Christenthum nicht minder; wagt man es aber, auf den ewigen Judenschmerz zu lästern, wagt man es zu bezweifeln, daß Shylock ein Märtyrer war, so ringt die gesammte Journalistik über diesen Mangel an Aufklärung und Toleranz die Hände!"

* Siehe: Die sogenannte deutsche Reichsbank, eine privilegirte Actiengesellschaft von und für Juden. Dr. Hilarius Bankberger. Berlin 1877. 2. Aufl. Seite 24/25.

Ein Mahnwort

von

Egon Waldegg,

Verfasser von:

Die Judenfrage gegenüber dem deutschen Handel und Gewerbe.

Judenhetze oder Nothwehr?

Zweite vermehrte Auflage.

Preis 60 Pfennig.

Dresden 1880.

Verlag des Deutschen Reform-Vereins zu Dresden.

(Für den Buchhandel: Otto Henze's Verlag, Berlin N.)

esch. 784

Judenhetze oder Nothwehr?

Ein Mahnwort

von

Egon Waldegg.

Verfasser von:
„Die Judenfrage gegenüber dem deutschen Handel und Gewerbe".

Zweite, vermehrte Auflage.

Preis 60 Pfennig.

Dresden 1880.
Verlag des Deutschen Reform-Vereins zu Dresden.
(Für den Buchhandel: Otto Henze's Verlag in Berlin N.)

Der Verfasser behält sich alle Rechte vor.

Vorwort
zur zweiten Auflage.

> „Dem Freunde das Herz,
> Dem Feinde die Stirn."

Wenn ich zum zweiten Male die Feder ergreife, um gegen Israels Fremdherrschaft zu Felde zu ziehen, so löse ich damit nur ein Versprechen ein. Ein Versprechen, gegeben hochachtbaren Männern, die seit Jahren hervorragend im öffentlichen Leben stehen und die mit dem Wunsche an mich herangetreten sind, das Verständniß der „**Judenfrage**" immer weiteren und a l l e n Kreisen der Bevölkerung zugänglich zu machen durch Veranstaltung einer billigeren Ausgabe, deren Preis auch den Unbemittelteren die Anschaffung des Schriftchens möglich macht. Ich entspreche dieser Aufgabe unter Danksagungen an Diejenigen, welche den Muth gehabt haben, meine „Judenfrage gegenüber dem deutschen Handel und Gewerbe" öffentlich v o r z u l e s e n, und verbinde mit dem Wunsche besten Gedeihens an die sich bereits gebildet habenden D e u tschen Reform-Vereine die Bitte, mich von allen weiteren Schritten unterrichten zu wollen, damit ich die Einmüthigkeit aller antijüdischen Bestrebungen meinerseits nach besten Kräften fördern und unterstützen kann.

Auf Ersuchen meiner Freunde habe ich der zweiten Auflage meinen „Appell an die Deutsche Nation" von Ostern 1879 vorandrucken lassen und in einem Nachtrage die Urtheile von Klüber, Kant, J. G. Fichte, Herder, Schopenhauer und R. von Mohl über das Judenthum, sowie diejenigen des Juden Lasalle über die heutige Tagespresse, und Julian Schmidt's über die heutige Verjudung der Journalistik und der Literatur wiedergegeben, deren Lectüre jedem Deutschen nicht dringend genug empfohlen werden kann. —

Den Vorkämpfern des Deutschthums aber und allen meinen Gesinnungsgenossen deutschen Gruß und Handschlag.

Den 2. December 1879.

Egon Waldegg.

Ein Appell an die Deutsche Nation.

So ist es denn wahrlich schon dahin gekommen, daß Christen offen den Sieg des Judenthums über das Deutschthum zu verkünden, nein, zu constatiren Ursache haben? Ist das Deutsche Reich wirklich nur noch dem Namen nach ein christliches und nicht vielmehr ein jüdisches Reich deutscher Nation?

Haben wir nicht feige und erbärmlich die Hände in den Schooß gelegt, uns gegenseitig über die „schlechten Zeiten" ein Langes und Breites vorgejammert, geklagt und raisonnirt, geschwatzt und geschimpft, während wir die Juden thatkräftig handeln, die Fundamente des Christenthums und des christlichen Staates systematisch untergraben und uns eine Position nach der andern entreißen ließen? Hat man uns nicht mit den Phrasen Liberalität, Humanität, Toleranz und Gleichberechtigung aller Confessionen in nichtswürdiger Weise so lange an der Nase herumgeführt, bis wir endlich auf dem besten Wege sind, die schmachvollste Leibeigenschaft, diejenige des mosaischen Geldprotzenthums, antreten zu müssen?

Eine Uebergangsperiode nennt Ihr die heutigen, unsäglich traurigen Zustände? Jawohl, ein Uebergang von der Wohlhabenheit zur Verarmung, vom freien Menschen zum Sclaven, vom Manne zur Memme, vom Charakter zur Charakterlosigkeit!!

Ihr Denkfaulen und Politisch-Unreifen, die Ihr Eure Weisheit aus der „unabhängigen" Tagespresse schöpft, die Ihr Euch nicht die Mühe nehmt, der Sache auf den Grund zu gehen, wißt Ihr nicht, daß — mit verschwindenden Ausnahmen — die sämmtlichen verbreitetsten und tonangebenden Tagesblätter schon längst in Händen der Judenschaft sind, daß die Spalten dieser Zeitungen wohl allen, auch den unberechtigtsten Angriffen auf unseren Glauben, unsere Religion, unsere Ueberzeugungen, irgend welche Regierung, die sogenannte schwarze und die rothe Internationale, nimmermehr aber auf die einzig wirkliche, die Goldene Internationale zu Gebote stehen?

Dieser verjudeten Tagespresse gegenüber, die die öffentliche Meinung im wahren Sinne des Wortes „macht", bleibt dem Ausdrucke christlicher Entrüstung nur der Weg der Brochüre übrig, die natürlich entweder gar nicht zur Geltung zu kommen vermag, oder von der vernichtenden Uebermacht aus dem Wege geräumt wird.

Allerdings schreibe ich diese Zeilen unter dem Eindrucke der Lectüre des kleinen Buches: „Der Sieg des Judenthums über das Germanenthum" von W. Marr (Bern, Costenoble), aber sagt mir der Verfasser darin nur irgend etwas Neues? Sind nicht schon Tausende meiner Berufsgenossen, Tausende von Handel- und Gewerbtreibenden, Tausende von Landwirthen der Judenpest zum Opfer gefallen und dem Bettelstabe nahe gebracht? Birgt nicht die Statistik der Selbstmorde eine Unsumme des fürchterlichsten Elends, der bittersten Verzweiflung?

Nicht die beklagenswerth überhandnehmende Genußsucht und Arbeitsscheu der jetzt lebenden und heranwachsenden Generation, wie es Euch die Judenpresse einzureden sucht — als hätten wir Menschen nicht zu allen Zeiten menschliche Schwächen gehabt — auch nicht die in Berlin herkömmliche verkehrte Volkswirthschaftspolitik sind **zunächst** und **in erster Linie** für unsere unseligen Zustände, für die man den Namen Krise erfunden hat, verantwortlich zu machen, sondern — man finde endlich den Muth, das Kind beim rechten Namen zu nennen — vor allen Dingen die Ueberfluthung und Ueberwucherung Deutschlands mit den uns feindseligen jüdischen Elementen und die damit unter uns Christen eingetretene Verjudung.

Sind etwa die „Mannesseelen" vom Schlage Eduard Lasker und Ludwig Bamberger würdige Repräsentanten unserer christlichen Nation? Sind solche Leute, deren Zungenfertigkeit nur von ihrer Grundsatzlosigkeit übertroffen wird, berechtigt und berufen, den Reichstag deutscher Nation zu terrorisiren?

Grundsatzlosigkeit — da komme ich gleich zu anderen Losigkeiten, als da sind: Confessions-, Glaubens-, Ehr-, Gewissenlosigkeit, die eine die andere erzeugend und immer mehr vermöge unserer neueren, von Juden dominirten Gesetzgebung unter uns Christen überhand nehmend!

Nicht hinter dem grünen Tische hervor, sondern aus dem Verkehr von Haus zu Haus, aus dem unmittelbaren Umgange mit Männern des praktischen Lebens und der Arbeit (zu welchen zu gehören ich die Ehre habe) wollen unsere Zustände beurtheilt sein, und ich sage Euch, es ist nicht allein meine tiefinnerste Ueberzeugung, sondern die lauterste, auf persönlicher aufmerksamster Wahrnehmung begründete Wahrheit, noch nie war der Haß und die Erbitterung gegen unsere semitischen Bedrücker aller Orten im Deutschen Reiche stärker, tiefer und allgemeiner, als eben jetzt und er wird in seinem Ausbruche um so furchtbarer sein, je unnatürlicher man ihm jetzt die Mittel vorenthält, zum Ausdruck zu gelangen und je weniger sich bisher Männer gefunden haben, seine Dolmetscher zu sein.

Noch ist es Zeit, noch **muß** es Zeit sein, selbst unter der famosen Aera Falk, die jüdische Anmaßung zurückzuweisen, den christlichen, nicht confessionslosen Staat wieder aufzubauen und damit den sonst unvermeidlichen Ausbruch der wildesten Volksleidenschaftlichkeit, unter der dann der Gerechte mit dem Ungerechten, der Unschuldige mit dem Schuldigen gleichmäßig zu leiden haben wird — zu verhüten!

Ich wende mich um deßwillen mit diesem Aufrufe zunächst an alle meine Berufsgenossen, an alle ehrlichen Industriellen und Kaufleute, und überhaupt an alle freisinnigen, unerschrockenen deutschen Männer: in Deutscher Treue und Tapferkeit zusammen zu stehen gegen den gemeinsamen Feind und der jüngst gegründeten

Deutschen Reform-Partei

beizutreten, die sich die Aufgabe stellt, in jeder gesetzmäßigen Weise der „Goldenen Internationale" und deren auf Weltherrschaft gerichteten Umsturzplänen entgegen zu treten und die Gesundung unserer traurigen Zustände herbeizuführen. Die berufenen Vertreter der Partei werden nicht versäumen, mit einem Programme, „wie es anders werden kann und soll", vor die Oeffentlichkeit zu treten, wenn sich erst in ihr eine Centralstelle aller antijüdischen Bestrebungen gebildet haben wird und Organe derselben in der Tagespresse geschaffen sein werden. Eine gleichzeitig mit dem Eintritte in die Partei erfolgende oder nur lediglich pecuniäre Unterstützung ihrer Ziele ist nicht ausgeschlossen, sondern ebenso dankens-, als wünschenswerth.

Und so empfehle ich denn noch zur Lectüre:

Stephan Schulz: Ein Beitrag zum Verständniß der Juden und ihrer Bedeutung für das Leben der Völker, Gotha 1871;
Prof. Rohling: Der Talmudjude, 5. Aufl., Münster 1873;
Stadtger.-Rath Wilmanns: Die goldene Internationale, 4. Aufl., Berlin 1876;
— — Die Eroberung der Welt durch die Juden, 7. Aufl., Wiesbaden 1875;
Dr. Hilb. Bankberger: Die sogenannte deutsche Reichsbank, eine privilegirte Actiengesellschaft von und für Juden, 2. Aufl.;
Dr. Perrot: Die Juden im deutschen Staats- und Volksleben, 2. Aufl., Frankfurt a. M. 1878; oben erwähnte
W. Marr: Der Sieg des Judenthums über das Germanenthum, Bern 1879
und viele andere.

Schließlich erkläre ich noch, um dem wohlfeilen Vorwurfe der „Reichsfeindlichkeit" im Voraus zu begegnen, daß ich vollständig auf dem Boden der 1866/70 geschaffenen neuen politischen Verhältnisse stehe und unserem glorreichen Kaiser in Ehrfurcht ergeben bin, die Feinde des Deutschen Reiches aber, die etwa aus meinem Appell „Kapital zu schlagen" geneigt sein möchten, auf die Zustände in unseren Nachbarstaaten Oesterreich, England, Frankreich und die Schweiz hinweise, die ebenso, wenn nicht noch ärger, der **vaterlandslosen** Judenschaft unterworfen sind.

Lernen wir von unseren Feinden und seien wir einig! Nehmen wir die „Judenfrage" im deutschnationalen, nicht im confessionellen Sinne gemeinsam in die Hand und führen wir dieselbe ihrer praktischen Lösung entgegen, ehe sich die entfesselten Elemente ihrer bemächtigen.

Ostern 1879.

Ein protestantischer, nicht confessionsloser Fabrikant.

1.

Mehr Ramschgeschäfte und Fünfzig-Pfennig-Bazare, mehr Prozesse und Gerichte, mehr Concurse und Zwangsversteigerungen, mehr Staatsanwälte und Gerichtsvollzieher, mehr Vergehen und Verbrechen, mehr Zucht- und Armenhäuser, mehr Noth und Elend, mehr Verzweiflung und Selbstmord, mehr — **Wucherer und Juden!** Das ist die Signatur unserer Zeit! Das sind die herrlichen Errungenschaften des sogenannten liberalen Regiments!

Des modernen Liberalismus, der sich national nannte, — ein Bastard, gezeugt von dem modernen Juden- und Heidenthum mit der Humanitätsduselei!

Desselben Liberalismus, der gleiches Recht für Alle auf seine Fahne schrieb und unter dieser Devise den Schwachen wehrlos, den Starken übermächtig machte: die Anderen zu verschlingen.

Oder sind wir etwa noch nicht auf dem Standpunkte: daß der Große die Kleinen vertilgt?

Oder leben wir wirklich nur in einer Uebergangsperiode, auf welche dann eine lange und herrliche Zeit des Wohllebens folgen wird?

Oder haben wir in Deutschland allein so traurige und beklagenswerthe Verhältnisse? Sind die „schlechten Zeiten" national oder international?

Welcher Pessimismus spricht aus diesen Worten! Und wie reimen sich mit ihm die namentlich in großen Städten immermehr überhand nehmenden Vergnügungen und Belustigungen?

„Es ist ein Unglück der Könige, daß sie die Wahrheit nicht hören wollen," sagte der Volkstribun Johann Jacoby in seinen besten Tagen.

Es ist ein Unglück der Völker, daß sie die Wahrheit nicht hören wollen, sage ich mit Andern, und dies ist schlimmer als Jenes, denn Könige können nicht immer Alles erfahren, was sie wissen möchten, die Völker aber brauchen die Wahrheit nur zu **wollen**, und sie wird ihnen von allen Dächern gepredigt werden.

Aber das Volk will die Wahrheit nicht. Es will getäuscht sein und es will nicht Alles wissen, denn viel Wissen macht Kopfweh! Und wozu auch, noch hat man gestern gelebt, noch lebt man heute, noch wird man **vielleicht** morgen leben! Und einmal müssen doch wahrhaftig bessere Zeiten kommen!

Da — sitzt der Hase im Pfeffer! Es muß ja besser werden! Warum? Ueberflüssige Frage! Es ist ja stets nach schlechten Zeiten wieder eine bessere gekommen, also nur Muth — die Hoffnung wird nicht zu Schanden werden!

Ich gäbe etwas darum, meine Herren, wenn Sie mich überführen könnten, daß ich die Dinge zu schwarz sähe. Ich würde es Ihnen Dank wissen, wenn Sie mir einen lichten Punkt am Horizonte zeigen könnten, der die Morgenröthe einer baldigen besseren Zukunft ahnen ließe.

Und doch giebt es noch eine Rettung für Sie, für uns Alle.

Es ist die Wiederkehr unseres Mannesbewußtseins, die sittliche Wiedergeburt unserer Nation, die Rückkehr zur Thätigkeit, zur Arbeit, zur Sparsamkeit, zur Treue.

Man mache uns unabhängig von den Parasiten und Schmarotzern unseres Volkslebens und gewähre wieder Schutz der ehrlichen Arbeit und dem soliden schaffenden Erwerbe. Man schütze den Schwachen vor der Ausbeutung des Stärkeren und man erinnere sich endlich an maßgebender Stelle, daß man für die Wohlfahrt einer ganzen Nation, nicht aber für das Wohlleben eines verschwindenden Bruchtheils der Bevölkerung zu sorgen hat.

„Was hilft es Ihnen, den Kampf mit Windmühlen aufzunehmen, wir sind ja doch unter den obwaltenden Verhältnissen darauf angewiesen, uns ruhig in sie zu schicken — und eine weiße Schwalbe macht noch keinen Sommer." So sagte man noch vor einem halben Jahre zu mir, und ich glaube, man sagte es aus Ueberzeugung. Der deutsche Michel war nahe daran, vollständig zu versumpfen, das caudinische Joch der goldenen Internationale auf seine Schultern zu nehmen und sich resignirt vor die Füße seiner neuen Gebieter zu werfen.

Da kamen aber die Segnungen des allein selig machenden liberalen Regiments, da kam der Ruin Tausender, — und immer neue Haufen des Proletariats waren die lebendigen Zeugen der immer mehr und immer allgemeiner um sich greifenden Verarmung.

Da kamen nun aber auch die warnenden Stimmen an die Denkenden und Vernünftigen der Nation, da beleuchteten M. Ant. Niendorf, F. Perrot, C. Wilmanns, Wilhelm Marr und Andere die Schattenseiten unseres herrschenden Parlamentarismus, und vor und neben Diesen war es vor allen Dingen Otto Glagau, der zunächst in seinen Artikeln in der Gartenlaube und später in seinen Büchern „Der Börsen- und Gründungsschwindel" (Leipzig, Paul Frohberg) und „Des Reiches Noth und der neue Culturkampf" (Osnabrück, Bernhard Wehberg) die Manchesterwirthschaft und ihre Folgen dem erstaunten Deutschland in bengalischer Beleuchtung offenbarte.

Wie ist es möglich, wie konnten wir uns das bieten lassen und wo soll das hinaus, — so fing man an, Einkehr in sich selbst zu halten und sich seiner einigermaßen zu schämen.

Jawohl, man schämte sich, ging in sich und gelobte Besserung. Erst kamen nur die Gebildeteren und Weitsichtigeren daran, dann vergrößerte sich der Kreis der „Wissenden und Sehenden" immer mehr, und endlich kam der Rückschlag in der öffentlichen Meinung, die seit Jahren nach der Pfeife der sogenannten unabhängigen und freisinnigen, in Wirklichkeit aber in Demuth vor dem Geldsacke der goldenen Internationale ersterbenden Tagespresse tanzte, ohne es zu wissen.

Auf die Action folgte naturgemäß die — Reaction.

Was ist Reaction?

Es ist das Gespenst, das uns die servile Judenpresse an die Wand malt und womit man uns bange machen will — es ist das die Luft des schwülen Sommertages reinigende Gewitter. Es ist der Kampf gegen die Ausbeutung und Uebervortheilung durch das Ausland und das internationale Großhändler-, Speculanten- und Großgurgelabschneiderthum, es ist der Kampf gegen Kummer und Noth, gegen Hunger und Elend. Es ist die Umkehr vom modernen Heidenthum, vom der christlichen Moral vollkommen entfremdeten Staatswesen zu einer alle Kreise der Bevölkerung zufrieden stellenden Regierungsform, die der christlichen Kirche ihren berechtigten Einfluß auf das Volksleben läßt und Hand in Hand mit ihr die sociale Frage zu lösen sucht!

„Ein Schwarzer, da habt Ihr's," so höre ich meine Gegner rufen.

Nein, meine Herren, ein Schwarzer bin ich nicht, wohl aber Einer von Denjenigen, die sich bei aller Freisinnigkeit die Ueberzeugung bewahrt haben, daß die große Masse des Volkes oder, unzweideutiger ausgesprochen, wir Alle der Religion nicht entrathen können.

Man nehme dem Volke die Religion und man wird immer neue Schaaren der — Verzweiflung entgegen treiben.

Wie oft nehmen die Leute das Wort in den Mund: „Meine Religion ist: Thue Recht und scheue Niemand" — und einen Augenblick darauf sehen wir sie zur Börse laufen und Alles Das treiben, was das Gesetzbuch nicht ausdrücklich mit Strafen belegt hat — sehen wir sie in der Jagd nach dem goldenen Kalbe täglich auf's Neue „das Zuchthaus mit dem Aermel streifen".*

---

* Ausspruch des geadelten jüdischen Gründers Freiherrn v. Königswarter in Wien in dem Ofenheim-Processe.

II.

„Die Börse ist die hohe Schule für Gesetzesumgehungen," sagte eines schönen Tages der Sturmbock der semitischen Nation, Dr. Eduard Lasker im Reichstage.

„Das bestehende Actiengesetz ist Stückwerk. Keine Regierung darf dazu schweigen, und die Aufsicht des Reiches darf es nicht schweigend dulden, daß ein von ihr gegebenes Gesetz täglich und offenkundig umgangen werde, daß mit der ersten Umgehung eine Anzahl von Scheinverträgen, unerlaubten Gewinnen und Unanständigkeiten jeder Art in Verbindung kommen und durch die Unzulänglichkeit des Gesetzes geschützt werden." So derselbe Lasker.

„Ich als Jurist kann bezeugen, daß wir im Stande sind, solche Gesetze zu geben, welche zwar nicht allen Uebelständen, aber einem großen Theile derselben abhelfen können." Immer wieder derselbe Lasker.

Nun, frage ich, warum hat denn dieser Tugendbold von Volksvertreter, der zwölf Jahre lang im Parlamente die erste Geige spielte, der frühere Justizminister in spe, nicht solche Gesetze gemacht, die den Schwachen und Uneingeweihten vor der Ausbeutung der Großen und Schlauen zu schützen im Stande waren?

Oder warum haben sich denn nicht andere Juristen und Rechtskundige des Volkes angenommen, das zu vertreten sie berufen waren?

„**Warum athmen alle Gesetze der neueren Zeit den semitischen Geist, warum sind sie für die Ehrlichen Fußangeln und für die Schwindler Goldgruben?**"*

„Wir haben jetzt alle die Freiheiten in politischer und wirthschaftlicher Beziehung, die ein Volk groß und glücklich zu machen geeignet sein sollen, wie man uns seit einem Jahrzehnt vorerzählt; wir haben Gewerbe-, Wucher-, Wechsel-, Preß-, Theater-, Vereinsfreiheit, Freizügigkeit, Selbstverwaltung und Wahlfreiheit, Freihandel und wie sonst die Freiheiten alle heißen; — den versprochenen Segen davon verspüren wir jedoch nicht. Wir fühlen vielmehr, wie das Großkapital in der ungezügelten Concurrenz auf allen Erwerbsgebieten uns mehr und mehr in Fesseln schlägt und werden gewahr, daß der Mittelstand verarmt, Landbau und Gewerbe nicht mehr lohnend erscheinen und nur das Speculanten-, Fälscher-, Schacher- und Wucherthum florirt."**

---

* Otto Glagau. Des Reiches Noth und der neue Culturkampf. Osnabrück, B. Wehberg. Seite 259.
** Eingabe des Deutschen Reform-Vereins zu Berlin vom 25. April 1878 an den Reichskanzler Fürsten Bismarck.

Warum fühlen wir uns bei all' den Freiheiten nicht überglücklich, warum seufzen wir nach Abhülfe dieser Zustände?

Weil die ganze neuere Gesetzgebung lediglich den Interessen der goldenen Internationale angepaßt und lediglich für diese geschaffen ist, weil die im Parlament der deutschen Nation tonangebend gewesenen Lasker, Bamberger, Rickert, „unser Braun" und Andere Vertreter des jüdischen und nicht des deutschen Volkes gewesen sind und weil die meisten anderen Wortführer im Parlamente, wie Miquél, Hammacher, Kapp, v. Karborff, v. Bennigsen, Mosle, v. Unruh u. s. w. als Bundesgenossen des modernen Geldprozenthums, und mehr oder minder mit ihm verquickt und in seinen Diensten stehend, an alles Andere eher als an die Wohlfahrt des Volkes gedacht haben, über welche zu berathen sie zusammen gekommen!

Was ist die Deutsche Reichsbank?

Eine mit ungeheuren Privilegien ausgestattete Actiengesellschaft von und für Juden!

Was sind die neuen Justizgesetze?

Eine melkende Kuh für beschnittene und germanische Advokaten, eine Institution: die Armen rechtlos zu machen!

Was brachte uns die vielgerühmte Selbstverwaltung?

Ein neues Heer von Beamten und allerhand Scheereien und Unbequemlichkeiten für Grund- und Hausbesitzer, Fabrikanten und Gewerbtreibende.

Was sind die Folgen der absoluten Gewerbefreiheit und der Freizügigkeit?

Das Elend des Mittelstandes, die Corruption aller Volksclassen, das Proletariat in den großen Städten, die Ueberwucherung des jüdischen Elements über das deutsche Element in allen Verkehrs-Centren, in allen Gemeinde-Verwaltungen und in all' den Kreisen, die ihm zugänglich sind.

Eine Fortdauer der heutigen Verhältnisse — und wir werden in längstens 40 Jahren die deutschen Arbeitgeber nur noch nach Dutzenden zählen können, die höchsten Posten im Staatsdienste von Leuten semitischer Abkunft eingenommen sehen und im großen Ganzen nichts weiter sein, als die Sclaven des jüdischen Geldprozenthums.

„Ein neues messianisches Reich, ein neues Jerusalem muß erstehen **an Stelle der Kaiser und Päpste**," prophezeite bereits (1861) der Präsident der alliance israélite (Judenbund) in Paris, Monsieur Isaac Cremieux.

Läßt diese Sprache noch etwas an Deutlichkeit zu wünschen übrig?

Wozu unter den heutigen Verhältnissen noch ein Judenbund? Sind die Juden nicht allenthalben obenauf und in Wahrheit souveräner mit ihrer internationalen Geldmacht als Kaiser und Könige? — — —

Wir hetzten Confession gegen Confession, machte man den Vorkämpfern des Deutschthums gegen die Umsturzpläne der Judenschaft zum Vorwurf — wir schürten den Classen- und Rassenhaß, schreit man jetzt, nachdem man erkannt hat, daß wir mit dem **Glauben des Juden** nichts zu thun haben wollen!

Wer sich gegen die Fremdherrschaft, welche uns immermehr auf allen Gebieten aufgezwungen werden soll, ausspricht, gilt als „Judenfresser", wer in Schrift und Wort zur Abwehr auffordert, der will eine Judenhetze veranstalten — glaubt man denn noch immer der öffentlichen Meinung „weiß machen" zu können, daß die moderne Judenschaft nur von Fanatikern, Zeloten und Orthodoxen bekämpft würde, freisinnige Leute aber abseits ständen?

Nein, wir Alle wehren uns nur unserer Haut, wir wollen in der uns zugedachten Verjudung nicht untergehen, wir sind die Angegriffenen und nicht die Angreifer.

Da sich nun aber die seither maßgebenden Parteien noch immer nicht entschließen konnten, der Verjudung geschlossen und bestimmt entgegenzutreten, so empfiehlt sich die Bildung einer neuen, einer thatsächlichen Bürger- und Mittelpartei, die für den vor allen Dingen bedrohten Mittelstand eintritt, keine Vergangenheit hinter sich hat und neues Leben in den fast zum Gewerbe gewordenen Parlamentarismus zu bringen verspricht.

III.

Eine solche Partei, deren Bildung schon seit Jahren und von den verschiedensten Seiten angestrebt worden ist — ich habe weder die Richtung noch den Namen erfunden — könnte und dürfte sich wohl nunmehr unter der Bezeichnung:

Deutsche Reform-Partei

zu constituiren im Stande sein.

Die deutsche Reform-Partei erkennt als Hauptursache der Zerrüttung des Volkswohlstandes und des allgemeinen Darniederliegens von Handel und Gewerbe, sowie der Entwerthung aller Producte und Werthobjecte die durch die sogenannte manchesterliche Gesetzgebung geschaffene schrankenlose Gewerbefreiheit und Freizügigkeit einerseits, sowie andererseits die mit besonderen Privilegien ausgestattete Möglichkeit der Capitals-Anhäufung wie der immensen Bereicherung des Großcapitals, und die Ueberwucherung des jüdischen über das germanische Element im gesammten öffentlichen und Verkehrsleben.

Zur Beseitigung dieser Mißstände sucht die Deutsche Reform-Partei folgende Ziele zu erreichen:

A. Durch Gesetzesänderungen.

1.

Einführung einer rationellen progressiven Einkommen- und Erbschaftssteuer unter Schaffung geeigneter Schutz- und Controle-Maßregeln gegen falsche Einkommens-Declarationen und Vermögensangaben.

2.

Möglichste Ausdehnung der indirecten Besteuerung, die sich vorzugsweise an Gegenstände des Luxus und Genusses halten soll. Die Zölle sind möglichst nach dem Werthe zu bemessen, damit die von den Reichen consumirten Waaren höher getroffen werden, als diejenigen, welche die Unbemittelten verbrauchen.

Die directen Steuern sind, soweit sie das Einkommen der Minderbemittelten belasten, thunlichst zu beseitigen.

3.

Entlastung des immobilen Besitzes und Gleichstellung desselben in der Besteuerung mit dem Besitze von mobilen Capitals- und Werths-Objecten.

4.

Einführung einer Börsensteuer nach Procenten des Umsatzes und einer Couponsteuer, wobei ausländische Anleihen und Werthpapiere höher zu treffen sind, als inländische.

5.

Revision des Actien- und Genossenschaftsgesetzes, mit Herstellung wirksamer Verantwortlichkeit und Haftung der Gründer, ersten Zeichner und Verwaltungsorgane von Actien- und Creditgesellschaften.

6.

Aufhebung der Münzprägungs- und der Banknoten-Privilegien der Zettelbanken und zwar möglichst ohne Entschädigung, wie bei Einführung der Gewerbefreiheit die Meisterrechts-Privilegien ebenfalls ohne Entschädigung aufgehoben worden sind.

7.

Errichtung einer nationalen Reichsbank zur Unterstützung und Befruchtung von Credit- und Vorschuß-Anstalten (unter staatlicher Aufsicht) auch für das Kleingewerbe und den Kleinhandel.

8.

Einführung kurzer Creditfristen im Handels- und Gewerbeverkehr durch Reduction der Verjährungsfrist auf längstens 6 Monate.

9.

Wiederherstellung zeitgemäßer Innungsverbände mit obligatorischem Nachweise der Befähigung des Arbeitgebers wie des Arbeitnehmers und des dazu heranzubildenden Lehrlings.

10.

Beschränkung der Freizügigkeit, Wiederherstellung eines Heimathsrechts und Revision des Unterstützungswohnsitz-Gesetzes.

11.

Wiedereinführung strenger Wuchergesetze mit Beschränkung des Zinsfußes, der Uneinklagbarkeit wucherischer Forderungen und dem Rückforderungsrecht bereits entrichteter Wucherzinsen und Capitalbeträge; ebenso Beschränkung der allgemeinen Wechselfähigkeit.

Als wirksame Strafen für Wucherer bezeichnet man die Aberkennung der bürgerlichen Ehrenrechte und die Ausweisung.

12.

Bewahrung des confessionellen Characters unserer Schulen.

13.

Ermäßigung der Steuerlasten durch Verminderung der Ausgaben für Heer und Diplomatie.*

14.

Errichtung und Beförderung von Altersversorgungs-, Pensions- und Unterstützungs-Cassen für Arbeitsunfähige und Erwerbslose durch Spareinlagen unter Beihülfe aus den Erträgnissen der progressiven Einkommen- und Erbschaftssteuer.

B. Außer der Gesetzgebung.

15.

Durch Sorgetragung dafür, daß im christlich-germanischen Staate nur christlich-religiöse Männer in die gesetzgebenden Körperschaften gewählt und in die Staats- und Gemeindeämter berufen werden.

Gründer gehören ebensowenig in den Reichs- oder Landtag.

---

* Ich will damit sagen, daß ich eine Verminderung aller stehenden Heere in Europa für wünschenswerth halte, nicht aber, daß Deutschland einseitig abrüste, um dann den Feinden weniger gefährlich zu sein und seine heutige Machtstellung zu gefährden.

Ich verhehle mir nicht und ich habe ja leider schon die Wahrnehmung machen müssen, daß das kundgegebene Programm namentlich in denjenigen Kreisen nicht so ohne Weiteres mit dem vollen Verständniß aufgefaßt wird, für deren Interessen meine Freunde und ich in erster Linie eintreten.

Es liegt dies daran, daß der kleine Handel- und Gewerbtreibende und der Handwerker im Allgemeinen tagtäglich mit so schweren Sorgen für Weib und Kind zu kämpfen hat, daß er in der That weder Zeit noch Muse genug finden kann, die socialen Verhältnisse mit klarem und unbefangenem Auge anzusehen, selbst wenn er dafür dasjenige Verständniß hätte, das man ihm im großen Ganzen leider absprechen muß.

Wer meint es ehrlicher mit ihnen als Otto Glagau, und doch wie wenige von ihnen werden ihn verstanden oder auch nur gelesen haben!?!

„Fast unbegreiflich ist es*, wie der Handwerkerstand, der in Deutschland noch immer nach Millionen zählt, sich Jahrzehnte hindurch von einer Hand voll Leute, von der Bourgeoisie und ihrem Anhang, unterdrücken und ausbeuten, maltraitiren und drillen ließ; wie er die jüdisch-liberalen Blätter, die täglich gegen ihn und seine Interessen schreiben, die ihn beschimpfen und ohrfeigen, noch heute liest und hält, wie gerade er dazu beigetragen hat, daß diese Afterpresse eine solch' riesige Verbreitung gewinnen, einen solch' unheilvollen Einfluß erlangen konnte. — Die Handwerker scheinen von ihrem bleiernen Schlafe endlich erwacht zu sein, sie reiben sich die Augen und rütteln an ihren Ketten, aber sie befinden sich noch immer in einer Art von Betäubung und Dusel, sie wollen noch immer, namentlich in den Großstädten, „liberal" und „fortschrittlich" sein, sie stehen noch immer unter dem Einflusse manchesterlicher Lehren und Schlagworte."

Und in der That, was Glagau hier vom Handwerkerstande sagt, gilt von allen sogenannten „kleinen Leuten", auch wenn diese durch die Gunst früherer Verhältnisse zu Wohlstand gekommen sind. Man begeistert** sich für Gewerbeschiedsgerichte, für Gewerbekammern, für Einigungsämter, für Fortbildungsschulen, für gewerbliche Fachschulen, für Ausstellung und Prämiirung von Lehrlingsarbeiten, — ja man nimmt sogar einen kühnen Anlauf zur Begründung von Vereinen gegen die Wucherer, Pfandleiher, Auctionatoren, Wanderlager u. dergl., man tagt in Gau-, Land- und Reichsverbänden, man petitionirt immer hübsch einzeln bei Reichstag, Bundesrath, Landesregierung und Reichskanzleramt, — an die rettende That: die Bildung einer echten und rechten bürgerlichen Mittelpartei aber, deren Vertreter im Reichstage den guten Willen für die Wohlfahrt des Mittelstandes zu arbeiten, thatsächlich beweisen würden — dachten seither die Wenigsten. Man gibt sich zwar den Anschein, als wolle man

---

* Otto Glagau, Deutsches Handwerk und historisches Bürgerthum, Osnabrück 1879, Seite 70/71.
** Ich bitte dies Wort aber ja nicht gar zu wörtlich zu nehmen.

die Wohlfahrt des Allgemeinen, und damit doch nur seine eigene, man kommt aber vor lauter Kleinlichkeitskrämerei, Wortklauberei und Feigheitsbemäntelei nicht dazu, Farbe zu bekennen und als Mann zu handeln. Dazu kommt nun noch, daß die meist gutsituirten Manchester- und Judenfreunde immer eine Auswahl von Memmen auf Lager haben, die sich den sich bildenden Bestrebungen anschließen und die etwa auftretenden Gelüste von Entfaltung männlicher Thatkraft verhindern müssen!

Von dieser Spezies habe ich, Dank des Aufsehens, welches „die Judenfrage gegenüber dem deutschen Handel und Gewerbe" gemacht hat, ein ganzes Verzeichniß in Händen und namentlich bieten mir Mittheilungen aus Berlin, Breslau, Hamburg und Dresden in dieser Richtung ein so schätzbares Material, daß ich schwerlich der Versuchung werde widerstehen können, dasselbe zu verwerthen, um diese Creaturen allem Volke zu zeigen. Das Merkwürdigste dabei ist, daß diese vor lauter Demuth und Ergebenheit gegen irgend einen Senator, Stadtverordneten = Vorsteher, Kammerrath, Justizrath oder auch gewöhnlichem geadelten Banquier ersterbenden Dienstbeflissenen vor lauter Entzückung über die ihnen zu Theil werdende Huld und Gnade gar nicht wissen, daß man sie als Werkzeuge benutzt, ja Einzelne brüsten sich damit, daß Niemand sagen könne, welcher politischen Richtung sie eigentlich angehören. Kunststück, wie kann eine solche Memme auch noch von einer eigenen politischen Meinung träumen? Der Herr und Gönner könnte ja am Ende selbst noch aus einem Nationalliberalen ein Conservativer oder aus einem Saulus ein Paulus werden!

Tritt nun in solchen Kreisen Einer auf, der vor allen Dingen den guten Willen hat, die gestellte Aufgabe mit sittlichem und männlichem Ernste in die Hand zu nehmen, und gelingt es Diesem, Andere aus ihrer Indolenz und ihrem Versumpftsein herauszureißen, so daß er mit Fug und Recht sein Wirken für erfolgreich anzusehen vermag, so wird ihm zunächst der Neid und die Mißgunst seiner näheren Bekannten entgegentreten, die selbstverständlich Dasselbe oder vielmehr Besseres zu leisten im Stande gewesen wären als er — und die nun aus gekränkter Eitelkeit zum — Bundesgenossen Derjenigen werden, deren hemmenden Einfluß zu bekämpfen sie im Interesse der guten Sache als ihre Pflicht anzusehen gehabt hätten.

Aus diesen und anderen Gründen verlaufen die meisten und die ehrlichsten Bestrebungen, um Herbeiführung einer die Allgemeinheit befriedigenderen Lage des Erwerbslebens im Sande, nicht selten zu Grabe getragen mit Schadenfreude von Denen, die nur durch knechtische Abhängigkeit oder geistige Beschränktheit abgehalten sind, das Gute der Sache oder den guten Kern derselben einzusehen.

Einer befreundeten Feder mag es vorbehalten sein, in kurzen Skizzen die in Deutschlands Bürgerschaft eingerissene Denkfaulheit, Unmännlichkeit, Wichtig- und Klugthuerei, Liebedienerei und sclavische Unterwürfigkeit zu charakterisiren. —

Während also, wie ich in meinem ersten Schriftchen nachgewiesen habe, das Judenthum unablässig bemüht gewesen ist, alle seine Kräfte einzusetzen und zu concentriren, um die den Gelüsten der jüdischen Weltherrschaft entgegentretenden Hindernisse wegzuräumen, während Israel Hunderttausende weggeworfen hat, sich die Presse und eine Menge hervorragende Leute des öffentlichen Lebens, ja sogar Gesetzgeber dienstbar zu machen, während Israel schonungslos niederriß und zerstörte, vernichtete und stürzte, was ihm im Wege stand — kommen wir Deutschen vor lauter feiger Rücksichtnahme nach rechts und links nicht dazu, uns mit der gebotenen Energie unserer Haut zu wehren, zu gemeinsamer Abwehr uns zu vereinigen, und flicken und kleistern immer weiter, mehr und mehr das Mitleid und den Hohn unserer Gegner herausfordernd.

Ein Jeder will, ein Jeder wünscht, ein Jeder hofft, ein Jeder erwartet die „besseren Zeiten", findet aber nicht den Muth, einzusehen, daß die Energielosigkeit und feige Trägheit seiner selbst das Hinderniß zur Wiederkehr derselben ist.

IV.

Frohlocke indessen nicht zu früh, übermüthiges Israel!

Die Segnungen Deines Regiments sind so fühlbar und so über alle Maßen entsetzlich, daß, wie ich schon früher sagte, der Kreis der Unzufriedenen immer größer, immer geschlossener wird.

Die unermüdlichsten Biertrinker, die eifrigsten Kegelschieber, die ausdauerndsten Billard- und Tarokspieler, ja sogar Diejenigen, welche über der Discussion und Behandlung der Hundefrage* und der Vivisection alles Uebrige vergaßen, befassen sich nun endlich — endlich mit der „Judenfrage". Unzarte Naturen gehen sogar so weit, zu behaupten, daß „Menschenschutzvereine" bei Weitem nothwendiger seien, als Thierschutzvereine!! Man fängt an, die Pflicht der Selbsterhaltung als das Höchste, als das Wichtigste anzuerkennen und in immer weiteren Kreisen bricht sich die Ueberzeugung Bahn, daß nur die Feiglinge davor zurückschrecken dürfen, der praktischen Lösung der „Judenfrage" näher zu treten. Ja, Wunder über Wunder, es finden sich sogar reiche Leute, welche dem (vorausgesetzten oder erst zu gründenden) antijüdischen Agitationsfonds Mittel oder jährliche Beiträge anbieten.

---

* Ob nämlich die Hunde an der Leine geführt werden müssen oder frei umherlaufen dürfen.

Dutzende von Zuschriften von hochachtbarster und mit maßgebenden Stellen eng befreundeter Seite liegen vor mir auf dem Schreibtische. — Alle sind überzeugt von dem baldigen Siege des Deutschthums über das Judenthum, und Alle wünschen, daß auf dem betretenen Wege fortgefahren und dem Volke genug Männer erstehen möchten, es zu befreien aus der Versumpfung und dem „europäischen Sclavenleben".

Und so kämpfe ich denn vor der Hand auf diesem Wege und im engeren Kreise weiter, bis mich das Schicksal in eine der Verkehrs-Centren führen wird, in der immermehr anschwellenden antijüdischen Bewegung eine noch praktischere Rolle zu übernehmen.

Inzwischen lasse ich einzelne deutsche Zeitungen und Amtsblätter jüdischer sein als die Judenblätter, lasse sie fortfahren, dem bankrotten After-Liberalismus Weihrauch zu streuen uud Loblieder anzustimmen — nicht lange mehr und man wird sich mit Ekel und Abscheu von ihnen wenden, die knechtisch-unterwürfigen Zeitungsschreiber der allgemeinen Verachtung preisgebend, weil sie es wagten, einer oder einigen Banken, einem oder einigen Senatoren zu Liebe, tagtäglich die öffentliche Meinung zu belügen und irre zu leiten.

Eine weiße Schwalbe nannte man mich, wie ich schon oben sagte, noch vor einem halben Jahre — und heute?

Wahrhaft bemitleidenswerth und ekelerregend kommt mir das Wuthund Jammergeheul der national-liberalen Juden-Organe vor, die heute um einen huldvollen Blick Bismarck's betteln, morgen aber sich unterfangen, dem eisernen Kanzler in verblümter Weise Drohungen entgegen zu schleudern, um übermorgen um so mehr Ehrfurcht und Ergebenheit zu heucheln.

Mehr als hundert Sitze hat dieser falsche Liberalismus am 7. October eingebüßt und — unerhört, aber nur zu wohl verdient — der Volkstribun Lasker wird diesmal (und hoffentlich für immer) im AbgeordnetenHause des größten deutschen Staates durch Abwesenheit glänzen.

Armes Preußen! der Sturmbock Israels wird sich nun nicht mehr mit Deinem Wohl und Wehe direct zu befassen haben. Wird aber auch sein Einfluß hinter den Coulissen beschnitten werden? — — —

Da kommt mir durch einen eifrigen Gesinnungsgenossen ein Judenblatt aus Sachsen in die Hände, aus welchem ich gerne folgenden, in Judenblättern ungewöhnlichen Erguß wiedergebe: „Der zweite in der Reihe ist Lasker, der in Frankfurt einer Coalition von Fortschritt und Volkspartei (Sonnemann, selbst ein Jude. D. V.) unterlegen ist. Lasker hat diesen Ausgang vorhergesehen und nichts Wesentliches gethan (?), um ihm vorzubeugen. Er hat sich geweigert, in einem andern Kreise seine Candidatur aufzustellen (?) und sich nur bereit erklärt, eine Wahl anzunehmen, die ohne sein Zuthun auf ihn fallen würde. Es muß mit Bedauern ausgesprochen werden, daß sehr geringe Aussicht vorhanden ist, einen solchen Kreis zu finden. (Armer Lasker.) In Stettin ist der Versuch mißglückt, ihn zur Unterstützung zu bringen. Vielleicht ist Posen die einzige Stadt, in welcher er mit Erfolg hätte gemacht werden können, (der Versuch nämlich: Laster aufzustellen) wenn nicht gerade diese Stadt soeben, wie Frankfurt, den National-Liberalen verloren gegangen und in die Hände des Fortschritts gefallen wäre."

„Gewiß giebt es keinen einzigen national-liberalen Wahlkreis, in welchem man nicht den lebhaften Wunsch hegte, Lasker gewählt zu sehen, aber doch auch keinen, in welchem man den Muth hätte, selbst ihn aufzustellen. Die Judenhetze (?) hat Erfolg gehabt; (unschätzbares Zugeständniß) voraussichtlich wird der Rechtsanwalt Warburg in Altona der einzige Jude sein, der diesmal ein Mandat erringt. (Der Leitartikler hat nicht an Neu-Jerusalem, so man auch Berlin nennt, gedacht, wo der famose Stadtverordneten-Vorsteher Dr. Straßmann und der Nähmaschinenfabrikant Ludwig Löwe gewählt wurden. D. V.) Und ebenso sind die persönlichen Angriffe auf Lasker von Erfolg gekrönt gewesen. Es ist gelungen, ihm in dem Kern des Bürgerthums einen unpopulären Namen zu verschaffen. (Endlich.) Es ist nicht leicht, einen klaren Punkt dieser Unpopularität mitgetheilt zu erhalten, (wirklich?) aber Bauern und der kleine Handwerker sind nicht darauf eingerichtet, die Gründe ihrer politischen Sympathien und Antipathien in wohlgesetzte Worte zu kleiden; sie begnügen sich, mit dem Kopfe zu schütteln, wenn der Name Lasker genannt wird. (Läßt sich denken.) Daß Lasker, dem diese Symptome unmöglich entgangen sein können, sich unmöglich der Gefahr wiederholter Niederlagen aussetzen konnte, liegt auf der Hand."

Die Dresdner Zeitung wird, da sie nur in wenigen hundert Exemplaren erscheinen und lediglich der Unterstützung reicher Juden ihr Dasein verdanken soll, wohl nichts dagegen haben, wenn ich diese Aeußerung einem größeren Leserkreis zugänglich mache.

Ich hätte gewünscht, dieser ebenso wahren wie Selbsterkenntniß bekundenden Darstellung von Lasker's Niederlage in deutschen Blättern zu begegnen, es sind aber, wie schon gesagt, die meisten deutschen Zeitungen jüdischer als die Judenblätter selbst.

Lasker, der sich vermaß, in sittlicher Entrüstung einige seiner conservativen Gegner als Gründerdilettanten abzuschlachten*, um dem Volke gegenüber den Tugendwächter zu spielen, und den Haß und die Verachtung des Volkes an die falsche Adresse zu richten, der aber die „correcten", d. h. berufsmäßigen und professionellen Gründer, bekanntlich zu 90% dem auserwählten Volke Israel angehörend, auf alle nur mögliche Weise in Schutz nahm und deren Handlungsweise beschönigte, — dieser Vater der Wucherer und der Wucherfreiheit, dieser Haupterzeuger der Actiengesetzgebung, welche den Vergehen gegen die blöde Menge Thür und Thor öffnet, während der Jurist Lasker, seinem pathetischen Ausspruche nach,

---

* Wagener, Fürst Putbus und Prinz Biron haben meines Wissens dies Handwerk so pfuschermäßig betrieben, daß sie dabei verarmten.

ben Umgehungen des Gesetzes hätte vorbeugen können (s. S. 11), dieser Gründer der heutigen sogenannten Deutschen Reichsbank — diese „Mannesseele", die das Wohl des „kleinen Mannes" und des Mittelstandes wohl manchmal auf der Zunge, den Caffaschrank seiner Landsleute, der armen Millionäre vom Stamme Israel aber stets im Sinne hatte, der nichts für die deutsche, aber unendlich viel für die jüdische Nation gethan und geleistet hat — dieser Reichsverderber, sage ich, gehört ein für alle Mal zu den politisch Todten.

Wenn auch Israel Himmel und Hölle in Bewegung setzen wird, seinen „begabten Stammesgenossen" trotz Allem der Gesetzgebung des Deutschen Reiches zu erhalten, so werden doch alle Bemühungen in dieser Richtung am gesunden Sinne des noch immer nicht genug verderbten Volkes kläglich scheitern. Einen Verzicht auf das Reichstagsmandat von Seiten Lasker's darf aber die Nation nicht erwarten, da dem „auserwählten Volke" alles Andere eher als Bescheidenheit und Selbsterkenntniß nachgesagt werden kann.

Ich will wünschen, daß Lasker's Schicksal aber recht bald auch die vorhin genannten „Volksvertreter" und namentlich die uneigennützigen Bamberger und Miquél zu theilen haben. Daß der Letztere trotz Glagau's Enthüllungen noch in der letzten Wahlschlacht durchgekommen, ist mir ein Räthsel. Unwillkürlich muß ich an meinen Freund (?) Ofenheim denken.

Doch ich wollte ja noch einige Punkte des Programms der neuen Mittelpartei dem allgemeinen Verständniß erschließen! — Unabsichtlich fast schweifte meine Feder ab, als die Namen Lasker[*] und Miquél auf das Papier traten. Wenn ich dabei etwas bitter wurde, so halte man das meiner Entrüstung zu Gute, der es noch immer nicht einleuchten will, daß diese Leute mehr als ein Jahrzehnt eine so gewichtige Rolle spielen konnten. Freilich muß man sich auch wundern, daß die Manchesterleute Camphausen und Delbrück Minister werden, Michaelis noch bis vor Kurzem Unterstaatssecretär bleiben und neuerdings noch zum Chef des Reichs-Invalidenfonds ernannt werden konnte.

---

[*] Dieser Mann ist ein gewohnheitsmäßiger Lügner; er lügt so ohne alle Vorsicht, daß ihn sein Gedächtniß im Stiche läßt und er sich selber die allerärgsten Blößen giebt. Otto Glagau. Des Reiches Noth und der neue Culturkampf. Osnabrück, B. Wehberg 1879, Seite 48.

V.

Die Forderungen der neuen Partei stehen zum großen Theil auch auf dem Programme der Conservativen und namentlich sind es auch hervorragendste Mitglieder dieser Partei gewesen, welche zuerst und offenherzig mit dem Verfasser des Appells an die deutsche Nation (von Ostern 1879) zu correspondiren Veranlassung genommen haben.

Man hat indessen meine Freunde unter den Industriellen und den Gewerbetreibenden nicht zu bestimmen vermocht, die ursprünglich von Berlin ausgegangene Idee der Bildung einer neuen und vorwurfsfreien Mittelpartei fallen zu lassen und sich der conservativen Partei anzuschließen, einmal, weil sich die schon von jeher zahlreichen Conservativen im Reichstage und preußischen Abgeordnetenhause noch niemals herbeiließen, der „Judenfrage" und dem Schutze der ehrlichen Arbeit und des ehrlichen Erwerbs gegenüber klare und unzweideutige Stellung zu nehmen, und zum anderen, weil unter denjenigen Classen der Bevölkerung, die durch die sogenannte liberale und freisinnige Presse zum „Stimmvieh" degradirt und herabgewürdigt worden sind, eben durch diese Presse die Meinung Wurzel gefaßt hat, daß es der seitherige Conservatismus nicht ehrlich genug mit ihnen meine und daß dieser eine Reaction im Gefolge haben müsse, die nicht zu ihrem Vortheile ausschlagen könne.

Man wird, auch ohne diesen Standpunkt zu theilen, es im höchsten Grade befremdlich finden müssen, daß im Februar 1873, als Lasker die frivole Komödie mit den „Enthüllungen" aufführte, von den 116 im preußischen Abgeordnetenhause sitzenden Conservativen auch nicht ein einziger den Muth fand, das dreiste und raffinirte Gaukelspiel dieses „Volksvertreters" zu brandmarken und Herrn Lasker an die unendlich schwerer wiegenden Sünden seiner Stammesgenossen zu erinnern. Ebenso wird es jedem Patrioten für immer ein Räthsel bleiben, wie die Conservativen — und merkwürdigerweise allerdings auch das Centrum — den mannhaften Reichstagsabgeordneten v. Ludwig-Neuwaltersdorf bei seinem wiederholten tapferen Vorgehen gegen die Manchesterleute und den Gründungsschwindel im Februar 1876 und sogar noch im Februar 1879 allein und isolirt lassen und das wiederholte unwürdige Niederbrüllen desselben von jüdisch-nationalliberaler Seite zugeben konnten. Tausende meiner Collegen im Handel- und Gewerbestande haben das Gefühl, daß bei diesen Vorgängen die conservative Partei im Reichstage und Abgeordnetenhause ihre Schuldigkeit nicht gethan und somit auch ihrerseits gegen die Interessen des redlich arbeitenden und schaffenden Volks gehandelt hat.

Glaubten die Conservativen ein oder beide Augen zudrücken zu müssen, weil sie Leute wie v. Kardorff und v. Eckardstein-Proetzel* in ihren Reihen zählten?

---

* Auch semitischer Abkunft.

Was wollen aber diese paar Namen, die noch dazu zu den Frei=
conservativen, also den nächsten Wahlverwandten der Nationalliberalen
gehören, gegenüber der unendlich langen und stattlichen Reihe der Gründer
und Sünder bedeuten, die insbesondere die nationalliberale Fraction
und der Fortschritt stellte? —

Es ist wahrhaftig kein Zufall, daß am 7. October das preußische
Volk neben den alten Abgeordneten eine recht stattliche Anzahl „neuer
Leute" zu seiner Vertretung wählte.

Die Nation ist sich klar darüber geworden, daß es doch nicht
gleichgültig ist, wen man mit diesem höchsten Ehrenamte auszeichnet, sie
weiß aber eben so gut, daß den gesetzgebenden Körperschaften verzweifelt
wenige „Leute aus dem Volke", verschwindend Wenige aus dem practischen
Leben angehören und daß in den Händen der hohen Beamten vom grünen
Tische und der Advokaten ihre Interessen nicht immer am Besten auf=
gehoben sind. —

**Unser Programm kann Jeder unterschreiben, der es
ehrlich mit der Wohlfahrt der Gesammtheit meint** und ich
bin überzeugt, daß unsere Forderungen diejenigen **aller recht=
schaffenen Leute** sein werden, wenn erst einmal sich ein Jeder
von uns so ganz und recht als Theil der Gesammtheit fühlt.

Unsere Bestrebungen sollen allen kosmopolitischen und inter=
nationalen Manipulationen die Spitze abbrechen, gleichgiltig ob
dieselben in der **rothen** Blouse marschiren, oder sich hinter
schweren **goldenen** Uhrketten und mächtigen Cassaschränken
verstecken.

Und wenn wir nun auch einer scheinbar übermächtigen Coterie
gegenüber stehen, die sich vielleicht noch heute einbildet, uns mit leichter
Mühe zu Paaren treiben zu können, und wenn sich am Ende auch die
Rothen (im Bunde mit ihr) Mühe geben sollten, unser Programm als
nicht genügend für das Volk in ihren Kreisen zu verketzern, so **dürfen**
wir doch überzeugt sein, daß die Berechtigung der Existenz einer loyal
gesinnten Mittelpartei von den maßgebendsten Factoren nicht bestritten,
vielmehr ausdrücklich gebilligt wird und daß der gesunde Sinn aller
staatserhaltenden Elemente uns zum Siege verhelfen wird, selbst wenn
wir augenblicklich und für die nächste Zeit nicht die gewünschten Erfolge
erzielen sollten.

Die Wahlen zum Deutschen Reichstage werden unsere
Gegner belehren, daß unser Programm in die weitesten Kreise
der Nation gedrungen und seine Anhänger über die destructiven
Elemente den Sieg davon tragen werden.

VI.

Dutzende von Büchern könnte man füllen, wollte man sich des Näheren darüber aussprechen, in welcher Weise die am Ruder befindlich gewesenen Manchesterleute und namentlich der hebräische Flügel der Nationalliberalen mit den heiligsten Rechten des Volks umgegangen, dieselben mit Füßen getreten haben.

Unter den Phrasen: „der Freiheit eine Gasse" und „gleiches Recht für Alle" hat man der Nation, d. h. dem ehrlich schaffenden und arbeitenden Volke, ein Recht nach dem andern zu entreißen, dem Großcapital ein Privilegium nach dem anderen zu verschaffen gewußt.

Warme Rücksichtnahme für die Interessen der armen Millionäre und Unterordnung des Volks unter diese auf der einen Seite, geringes Verständniß für die Bedingungen einer gesunden Entwickelung der Gesammtheit auf der anderen Seite, ließen diejenigen Gesetze zu Stande kommen, die man sich gewöhnt hat, als manchesterliche zu bezeichnen und unter deren Herrschaft der Mittelstand unaufhaltsam und unfehlbar zu Grunde gehen muß.

Vor allen Dingen waltet über der Besteuerung der einzelnen Berufs- und Bevölkerungsclassen die unerhörteste Ungerechtigkeit.

Während die Einkommensteuer (in Preußen) auf das **mobile Capital** durchschnittlich wohl kaum $2\frac{1}{2}\,\%$ bis $3\,\%$ beträgt, oder vielmehr betragen soll, muß der Gewerbetreibende und Kaufmann zusammen schon $4\frac{1}{2}$ bis $5\,\%$, der städtische Hausbesitzer aber 7 bis $9\,\%$ und der ländliche Grundbesitzer gar $15\,\%$ seines Einkommens an Steuern im Durchschnitt abführen.

Ja, Fürst Bismarck sprach in seiner Rede vom 21. Mai ds. Js. von Gütern, welche noch viel höher mit Abgaben belastet sind.

So hat ein Gut im Solinger Kreise $27\frac{1}{2}\,\%$, ein anderes $21\frac{1}{2}\,\%$, ein drittes $22\,\%$, ein viertes $19\,\%$, ein fünftes $20\,\%$ Steuern zu zahlen, im Kreise Neuß giebt es solche die 21, 24 und $25\,\%$, im Kreise Düsseldorf die 21 und $23\,\%$, im Kreise Mettmann die $24\,\%$, im Kreise Bonn die $25\,\%$ ihres Einkommens an Steuern und Abgaben für Staat und Commune aufbringen müssen.

Der Reichskanzler kommt dabei zu dem Schlusse, daß die durchschnittliche Belastung, welcher (in Preußen) das landwirthschaftliche Gewerbe unterliegt, auf $20\,\%$ für Staats- und Communalsteuern abgeschätzt werden kann, eine, wie er mit Recht hervorhebt, ganz exorbitante Besteuerung.

Dem gegenüber kann aber behauptet werden, daß das mobile Capital an der Börse und in den Banken kaum den oben angegebenen Satz ($2\frac{1}{2}$—$3\,\%$) im Durchschnitt aufbringt, ja, daß ganz enorme

Summen, die sich in den Händen der semitischen Weltbanken befinden und sich jeder Controle entziehen, überhaupt keine Steuern bezahlen, also gänzlich steuerfrei sind.

Die großartigste Versündigung gegen die Interessen der Nation nach dieser Richtung hin haben sich die Schöpfer und Gründer der sogenannten deutschen Reichsbank, die Herren Bamberger, Lasker, Camphausen, Delbrück und Michaelis zu Schulden kommen lassen.

„Volksvertreter" und „Musterminister" vereinigten sich, ein Institut in die Welt zu setzen, welches zu Gunsten einiger wenigen, meist jüdischen Actionäre die Aufgabe hat, den ganzen deutschen Geldmarkt zu monopolisiren und die Kleinen einen nach dem andern „aufzufressen". Und diese, allem Rechts- und Gerechtigkeitsgefühle Hohn sprechende Gründung bekam den Mantel „Deutsche Reichsbank" umgehängt, damit die große Masse glauben solle, sie diene dem Reiche und die Nation erwerbe durch sie ungeheure Reichthümer. In Wahrheit ist aber diese Reichsbank die ärgste Schmarotzerpflanze des modernen deutschen Reichs, denn von dem jährlich bleibenden Reingewinn hat das Reich nur einen bejammernswerth bescheidenen Theil zu beanspruchen, während der Löwenantheil in die weiten Taschen der „internationalen Mitbürger" wandert, die bekanntlich die Actien dieser herrlichen Gründung schon längst unter sich getheilt, ja sogar schon die Verwaltungsrathsstellen unter sich vergeben hatten, ehe die übrige Menschheit sich auch nur zum Scheine daran betheiligen konnte.

Nur einige Brocken fielen für Diejenigen ab, deren Dienste dem Hause Israel & Co. unentbehrlich waren.

Binnen 24 Stunden wurde an den 20,000 Antheilscheinen, die mit 130 aufgelegt wurden, ein Agio von 6 Millionen Thaler in den Reservefonds der Reichsbank, also indirekt in die Taschen der Actionäre „verdient". Aber nach dem Tage der Zeichnung — am 4. Juni 1875 — wurden die begnadeten Zeichner ihre Antheilscheine mit einem Profitchen von 150 bis 200 Thaler reißend los. Ein Rebbes, wie ihn Israel noch selten gehabt. Zu keiner Zeit belohnte sich die „Intelligenz" des Stammes Juda glänzender und schneller als an diesem Tage. Eingeweihte haben in wenig Stunden Hunderttausende „verdient"; es geht nichts über einen Blick hinter die Coulissen, wo der erbärmlichste Egoismus und der nichtswürdigste Realismus ihre Orgien feiern.

Die Preußische Bank, welche dem Staate Preußen allein 1872 gegen 1,300,000 Thaler, 1873 aber mehr als 3,100,000 Thaler abwarf, somit eine Abfindungssumme von 25 Millionen Thaler ganz sicher werth war, verschleuderte der Musterminister Camphausen an die jüdische Actiengesellschaft um — 5,000,000 Thaler, ein Geschäft, das der Volksvertreter Bamberger ein brillantes zu nennen sich erfrechte.

Und diese herrliche „Reichsbank", welche 207 Filialen im deutschen Reiche unterhält und 1877 einen Umsatz von $47^{1}/_{2}$ Milliarden, 1878 einen solchen von $44^{1}/_{4}$ Milliarden machte, bringt dem deutschen Reiche durchschnittlich nicht mehr als etwa 2 Millionen Mark pro Jahr ein — und ist, das erste und bedeutendste Unternehmen in Deutschland, vollkommen steuer= und abgabenfrei, während der ärmste Dienstbote und der kleinste Gewerbetreibende im Schweiße seines Angesichts mühsam die drückenden Abgaben erarbeiten muß.

Und wem dienen diese ungeheuerlichen Privilegien, die nur der gröbste Unverstand und die großartigste Vaterlands= losigkeit zugestehen konnte? Dem Volke Israel, und nicht blos den in Deutschland wohnenden Fremdlingen, sondern auch den reichen Juden in Paris, Wien, London ꝛc., denn die ausländ= ischen Antheilseigner vermehren sich: 1876 gab es deren 1374, 1877 schon 1425 und 1878 = 1450*.

Ich frage Sie, ist denn wirklich die vielgerühmte Intelligenz der Juden — oder die Kurzsichtigkeit, Thorheit und Feigheit der Anderen das Piedestal des Reichthums Jener?

Ich kann die Juden nur in der Pfiffigkeit und Schlauheit: zu allen Zeiten die schwache Seite der Mitmenschen zu benutzen und aus= zubeuten, nur in dem Raffinement: zu rechter Zeit die maßgebenden Factoren durch allerlei und selbst sträfliche Mittel auf ihre Seite zu bringen zu suchen, als uns überlegen anerkennen.

Dies angenommen, haben wir die Fremdherrschaft nicht den Juden, sondern der Erbärmlichkeit der Anderen zuzuschreiben, eine Eigenschaft, die während des Manchester=Regiments recht bedenkliche Fortschritte und Ausbreitung unter den Deutschen gemacht und gefunden hat und geradezu zur Characterlosigkeit, zur Corruption und zur Verjudung führen muß! — —

Ist nun auch von allen existirenden Actiengesellschaften die soge= nannte deutsche Reichsbank die einzige, welche gänzlich steuerfrei ausgeht, so nimmt man es doch auch mit der gerechten Besteuerung der anderen Bank=Institute und einer Menge sehr großer anderer Unternehmungen nichts weniger als ernst.

Es bezahlte z. B., wie Wilmann's anführt, die Berliner Disconto= Gesellschaft im Jahre 1867 bei einem Reingewinn von 993,100 Thaler an Gewerbesteuer nur — 1380 Thaler, also etwa $1/8$% ihres Ein= kommens, das heißt den zwölften Theil von demjenigen Steuersatze, welchen ein Handwerker oder Krämer entrichten muß.

Warum in aller Welt hat man das Tabak=Monopol, das Monopol der Eisenbahnen schon seit Jahren immer auf dem Tapet — während

---

* Otto Glagau, Des Reiches Noth und der neue Culturkampf. Osnabrück, B. Wehberg. Seite 225.

man das glänzendste, gewinnbringendste und eigentlich einfachste Monopol, das des Bankgeschäfts, noch nicht einmal discutirt hat? Ist es ein Verbrechen, an der Macht der Juden zu rühren, welche doch nicht einmal unsere heiligsten Rechte respectirten? Ich frage mich schon seit Jahren vergeblich, wie die deficitschwangeren Finanzminister noch nicht auf diese Idee kommen konnten, um dem kranken Staatshaushalte auf die Beine zu helfen? — Aber das ist es ja eben, lieber ruinirt man eine oder einige Industrien — als daß man den Herren der modernen Welt auf die Hühneraugen tritt.

Israel hat nach oben und unten hin sich Factoren dienstbar gemacht, die unbezwinglich scheinen, es indessen nicht sind.

Ist die Nation über die Wahrheit unterrichtet und ermannt sie sich endlich aus ihrer Versumpfung, so wird sie mit diesen Factoren nicht viel Federlesens machen und sie zertrümmern.

Die Beseitigung der Privilegien des Großcapitals, die nachgerade zu Privilegien der Juden geworden sind, muß die erste Aufgabe aller ehrlichen Leute sein. Daran knüpft sich unwillkürlich die Einführung einer gerechten progressiven Einkommen- und Erbschaftssteuer, denn ich sehe wahrhaftig keinen Grund, warum man die enormen Reichthümer, die doch einen viel größeren Anspruch auf den Schutz des Staates erheben müssen, nicht um mindestens das Doppelte besteuern sollte, als die Einkommen Derjenigen, die sich mit knapper Noth und Mühe kaum 3000 M. pro Jahr zu erschwingen vermögen. Dann wird man ein Einkommen unter 1000 oder 1500 M. nicht mehr direkt zu besteuern nöthig haben.

Ueber die Schaffung geeigneter Controle und Strafmaßregeln gegen falsche Einkommens-Declarationen und Vermögensangaben, namentlich internationaler Banquiers, die vielleicht in drei oder vier Staaten begütert sind, würden sich freilich Manche den Kopf zerbrechen müssen, ehe sie Erfolg verbürgen.

Gefunden müssen sie aber werden, wenn die „Gerechtigkeit für Alle" nicht bloße Phrase bleiben soll!

Daß nun aber auch die Erben ganz großer Vermögen, von vielleicht 3 Millionen Mark und darüber, einen wesentlichen Theil desselben dem Staate zur theilweisen Tilgung seiner Schulden überlassen müssen, wäre durchaus nicht unbillig, denn die großen Vermögen der Neuzeit entstammen doch nur der ins Großartigste getriebenen Pumpwirthschaft der Culturstaaten, die eine Anleihe nach der anderen machen, um die Völker immer mehr zu belasten. — —

Damit glaube ich für weniger Eingeweihte und Reife die Punkte 1, 3 und 7 des Programms der neuen Partei hinreichend motivirt zu haben.

VII.

Die zweite Forderung der deutschen Reformpartei ist klar und deutlich und spricht für sich selbst, so daß kein ehrlicher Mann etwas dagegen vorbringen kann.

Etwas anderes ist es mit § 4 des Programms, der eine nähere Beleuchtung und Erörterung verdient.

Im vorigen Abschnitte wurde schon darauf hingewiesen, welche Ungerechtigkeit bei der Besteuerung der mobilen Werthe gegenüber der Besteuerung der immobilen Werthe obwaltet. Dasselbe läßt sich von der Besteuerung bei der Uebertragung dieser Werthe sagen.

"Während beim Grundbesitz", sagt der Freiher von Thüngen-Roßbach, "jeder Besitzwechsel mit 1% vom Werthe und darüber besteuert wird, gehen an der Börse täglich Werthe von vielen Millionen tax- und stempelfrei aus einer Hand in die andere. Die angestrengtesten Bemühungen aus landwirthschaftlichen (und gewerblichen) Kreisen nach Beseitigung dieser schreienden Ungerechtigkeit und Einführung einer **Börsensteuer** sind bisher stets an dem hartnäckigen Widerstande der **liberalen Kreise** gescheitert," wieder ein glänzender Beweis, wie die "Volksvertreter" sich das Prinzip "gleiches Recht für Alle" zurecht zu machen verstanden haben.

"Zum Beweis, welche Ausdehnung die Spielwuth an der Börse gewonnen, und welche Summen eine richtig angelegte Börsensteuer tragen könnte, diene die Notiz, daß im Jahre 1875, also schon nach der großen Pleite, als für die Börsen schon die mageren Zeiten angetreten waren, nach den Berechnungen des darin competenten "Börsen-Couriers" allein an der Berliner Börse die sämmtlichen überhaupt vorhandenen Creditactien, Lombarden und Franzosen siebenmal umgeschlagen worden sind, was einen Umsatz von 4000 Millionen Mark ergibt. Eine Börsensteuer analog jener Taxe für die Besitzveränderung von Immobilien mit 1% des Werthes würde aus diesen drei Spielpapieren an der einzigen Berliner Börse die **Summe von 40 Millionen Mark ergeben haben.**"

"Mag nun auch 1% des Umsatzes zu hoch erscheinen, so ist doch ⅕ bis ⅓% sicher nicht zu hoch, Letzteres ist sogar das in Preußen für die Besitzveränderung von Mobilien zu Recht bestehende Procent. Wenn durch eine solche Steuer das Börsentreiben eingeschränkt, oder auch ganz verhindert würde, so wäre das ein großer Segen für das deutsche Volk, denn die Börse hat schon unendlichen Schaden unter den Völkern angerichtet, aber noch keinen wahrhaften Nutzen gebracht."

Wenn nun auch außerhalb der Bank- und Börsenkreise alle Welt darüber einig ist, daß die Ein- und Durchführung einer Börsensteuer eine absolute Nothwendigkeit ist und dieselbe allein schon vom moralischen und Rechtsstandpunkte aus dictirt sein müßte, so hat sich doch selbst noch bis in die allerneueste Zeit und obwohl sich allenthalben die Strömung gegen den After-Liberalismus immer überwältigender und unbezwinglicher geltend macht, die Macht der goldenen Internationale so stark bewiesen, daß weder ein Ministerium, noch die rechtlich denkenden Volksvertreter sie durchzusetzen vermochten. Noch vor wenig Wochen haben die Bank- und Börsenleute mit den von ihnen abhängigen Gesetzgebern im Oesterreichischen Reichsrathe die beabsichtigte Börsensteuer zu Falle gebracht.

Hoffen wir, daß das preußische Abgeordnetenhaus seinen Verpflichtungen gegen das preußische Volk mit mehr Gewissenhaftigkeit nachkommt und die zum Himmel schreiende Bevorzugung der armen Millionäre endlich aufhört. Die Nation hat deutlich genug bei den Wahlen gesprochen: man beachte diese Stimmung, damit das immermehr aufgeklärt werdende Volk nicht noch den letzten Rest von Vertrauen zu seiner Vertretung verliert.

Die §§ 5 und 6 des Partei-Programms bedürfen einer eingehenderen Begründung nicht.

Das Geldmachen, d. i. die Herstellung von Werthzeichen aus Metall oder Papier, ist von jeher ein staatliches Hoheitsrecht gewesen und es ist wahrlich nicht länger am Platze, daß der Staat die Ausübung dieses Hoheitsrechts mit meist jüdischen Banquiers und Finanzbaronen theilt.

Daß es überhaupt dahin kommen konnte, ist wieder eine der vielen Versündigungen der maßgebend gewesenen jüdischen Reichstagsabgeordneten und ihrer oben genannten Bundesgenossen aus dem Germanenthum — gegen die Interessen und gegen die Rechte der Nation.

In die lange Reihe der Kette dieser Sünden gehört auch die unnennbar von Bamberger in Scene gesetzte colossale Entwerthung des Silbers, die dem deutschen Volke wohl schon mehr als 200 Millionen Mark kostet. Wir haben eben heidenmäßig viel Geld — zum Hinauswerfen. — —

Daß die neue Partei die Aufhebung der Banknoten- und Münz-Prägungs-Privilegien möglichst ohne alle Entschädigung verlangt, kann man ihr wahrlich nicht verdenken — nirgendwo ist Wiedervergeltung mehr am Platze als hier: wenn die „liberalen Freiheitshelden" die Aufhebung aller früheren Privilegien der Innungen, Gewerbetreibenden, Handwerker ꝛc. im Handumdrehen und ohne Entschädigung durchsetzen konnten, so können sie schlechterdings nichts dagegen haben, wenn sich der Spieß nun endlich auch einmal gegen ihre Freunde und das gut honorirende Geldprotzenthum kehrt.

Die neue bürgerliche Mittelpartei will eben das „gleiche Recht für Alle" in der That und nicht bloß als Phrase: die „Dummen" zu ködern.

VIII.

Ich komme nun noch zu § 8 des Partei-Programms und da kann ich annehmen, daß über die Berechtigung dieser Forderung unter ehrlichen Leuten nur eine Stimme herrscht.

Der über alle Maßen eingerissenen Pumpwirthschaft im Handel- und Creditverkehr gebührt ein Löwenantheil an unserem Elende, denn sie erzieht — Lumpe, und macht die ehrenhaften Geschäftsleute dem semitischen Capitale tributpflichtig.

Schon seit Jahren bestrebt man sich aller Orten, die facultative Baarzahlung oder wenigstens die pünktliche Zahlung binnen 3 Monaten durchzusetzen. — Was ist das Resultat?

Die Pumpwirthschaft wird von Jahr zu Jahr, von Woche zu Woche größer, ausgedehnter und zusehends gebräuchlicher. Daher die reactionären Schritte verschiedener Handelskammern um Wiedereinführung der Schuldhaft.

Es ist beschämend genug, daß gerade die sogenannten achtbarsten und ansehnlichsten Handelshäuser der Pumpwirthschaft durch ihre „Coulanz" den thunlichsten Vorschub leisten. Mir sind insbesondere große Häuser in der Manufactur- und Tuchbranche bekannt, die 9, 12 ja sogar 18 Monate Credit geben, um dadurch die Kundschaft an sich zu fesseln und den kleineren Concurrenten das Aufkommen zu erschweren oder ganz unmöglich zu machen. Nun ist aber dem nicht zu widersprechen, daß Borgen abhängig macht und es ist nur zu wohl begreiflich, daß die Abnehmer, wie es die Erfahrung lehrt, sich mit Waare überladen, um sich ihren „coulanten" Lieferanten gegenüber erkenntlich zu zeigen. Auf diesem Wege wird aber der sonst ganz solide und ehrliche Kunde zu falschen Dispositionen und schließlich zur Schleuderei genöthigt, die sehr häufig den Ruin des Abnehmers und den Verlust für den Lieferanten herbeiführt.

Den meisten Reisenden ist es ja doch immer mehr um die Commissionen, als um die Gelder zu thun — und, Hand auf's Herz, wie wenig würde man unter heutigen Verhältnissen umsetzen können, wenn man nur an gänzlich und zweifellos sichere Leute verkaufen wollte? Es ist traurig aber wahr, die „felsenfest feinen" Häuser sind kaum noch nach Dutzenden zu zählen, das Gros der meisten Geschäfte ist ohne hinreichenden Fonds und ohne Hilfsmittel für allerhand Eventualitäten. Ein großes, schwer realisirbares Waarenlager, viele unsichere und zweifelhafte Außenstände, ein verhältnißmäßig schwacher und täglich kleiner werdender Umsatz, das ist das Misère der meisten kleineren und mittleren Geschäftsleute: ein oder mehrere Verluste an Außenständen, unerwartete Retourwechsel, ein hartherziger Gläubiger, die seit dem 1. October ganz enormen Advokaten- und Gerichtskosten — und der Ruin ist da, ist unvermeidlich!

Wer wagt mir zu widersprechen?

Wir leiden nicht allein an der Ueberproduction von Fabrikaten, sondern mehr noch und schwerer an der Ueberproduction von Händlern und Schacherern. Und was trägt Schuld an dieser Ueberproduction? Lediglich die Ueberwucherung, das geradezu entsetzliche Ueberhandnehmen des jüdischen Elements in unserem theuren und doch so armen Vaterlande!

Ist man sich denn noch immer nicht darüber klar, warum Deutschland und Oesterreich vorzugsweise mit dieser Einwanderung beglückt werden? Warum haben wir in unserem armen Deutschland beinahe 750,000 Juden, während das reiche Frankreich kaum 80,000, also nur etwa den zehnten Theil davon, aufzuweisen hat?

Nun, weil wir Deutschen vor lauter Toleranz und Humanitätsduselei Israel zu unserem Herrn gemacht haben und es Diesem daher nirgend wohler geht, als bei uns. Die Einwanderung der semitischen Race (und welcher Sorte!) aus den östlichen Provinzen Oesterreich-Ungarns und aus Rußland nimmt wahrhaft bedenkliche Dimensionen an und die schon Eingewanderten lassen es an Vermehrung ihrer Sprößlinge bekanntlich nicht fehlen.

Thatsache ist, daß die Vermehrung der Angehörigen semitischer Nation auf deutschem Grund und Boden — die Vermehrung der Deutschen weit hinter sich läßt. — Kein Wunder, daß man unter solchen Verhältnissen schon von einem „sogenannten Deutschen Reiche" reden hört und diese Ausdrucksweise schon gedruckt vorkommt. —

Die elende Lage von Handel und Gewerbe ließ eine ganz neue Art von Unternehmungen entstehen: die Auskunfts-Büreaux, die natürlich auch in semitischen Händen sein müssen und die ihre Existenz und ihre Ausbreitung der immer schlimmer werdenden Pumpwirthschaft verdanken, die man zarter und undeutscher Weise „Creditwirthschaft" zu nennen sich Mühe giebt.

Daß die Existenz dieser Büreaux unter den eben geschilderten Verhältnissen eine nur zu wohl berechtigte ist und in manchen Fällen mehr nützt als schadet, kann nicht in Abrede gestellt werden, daß es aber besser wäre, es würde durch Beschränkung der elenden Borgwirthschaft ihre Hülfe entbehrlich, wird Jedermann zugeben müssen. Es ist jedenfalls nicht das anständigste Brod, gewerbe- und professionsmäßig Auskunft über die verschiedensten Personen zu geben, und Jeder meiner Collegen aus dem Handelsstande wird darunter Leute genug kennen, die nichts weniger als vertrauenerweckend und vertrauenswürdig erscheinen, vielleicht auch gar zu einer „schwarzen Bande" gehören. Thatsächlich und erfahrungsgemäß sind kaum die Hälfte der durch ein solches Büreau eingeholten — und nicht einmal billigen — Auskünfte verläßlich, ich würde vielmehr Hunderte von Informationen bringen können, die (wohl leichtfertiger Weise oder böswillig) direct mit der Wahrheit im Widerspruch stehen und mir und befreundeten Häusern große Nachtheile zugefügt haben

— allein unter den nun einmal ungesunden Verhältnissen sind die Büreaux eine kaum zu missende Schmarotzerpflanze. —

Warum wird nun aber, auch abgesehen von den nicht productiven und nur aussaugenden Elementen Israels — die Lage des Mittelstandes immer trostloser?

Weil, wie ich des Weiteren in meiner ersten Schrift ausgeführt habe, dem deutschen Volke mehr als 1000 Millionen Thaler an die Herren Gründer verloren gegangen sind, die dafür Bank-Directoren, Commerzienräthe, Generalconsule, Barone geworden sind, während man die Kleinen . . . . denn es ist rühmlicher, seinen vollen Geldbeutel mit den sauer erworbenen Hunderten und Tausenden seiner Mitbürger noch schwerer zu machen, als — ein Brod zu escamotiren, die hungernde Frau und die hungrigen Kinder zu sättigen. Wir haben ja „das gleiche Recht für Alle". —

Die früheren Besitzer dieser 1000 Millionen Thaler haben damit den Handel und das Gewerbe unterstützt, die heutigen vereinzelten Inhaber dieser Summen nützen damit dem großen Ganzen aber gar nichts, sind vielmehr darauf aus, mit diesem Gelde das Volk noch vollends auszurauben.

Die Kaufkraft der Nation ist also um soviel verringert, als die Weltbanquiers sich „angeeignet" haben, und nun sucht Jeder von dem noch übrig gebliebenen kleinerem Geschäfte so viel als möglich an sich zu reißen, indem er immer billiger wird und dem trügerischen Grundsatze verfällt, „die Masse muß es bringen".

Allein so denkt eben Jeder, ein Jeder will mit seinen billigeren Preisen einen doppelt oder vierfach größeren Umsatz machen und Keiner denkt daran, daß dazu weiter nichts fehlt, als — die doppelte oder vierfache Anzahl von Consumenten. Nun ist jeder schließlich auf dem niedrigsten Niveau angekommen, einige besonders gut gelegene Ramschgeschäfte erfreuen sich noch einige Zeit länger eines leidlichen Besuchs, dann wird es stiller und stiller und endlich sind auch diejenigen Verkaufslocale leer, wo „die Waare halb verschenkt wurde".

Auf diese Weise muß Alles auf den Hund kommen! denn wenn kein Mensch mehr etwas verdient, kann er natürlicher Weise auch Anderen nichts mehr verdienen lassen.

Je mehr wir uns einschränken müssen, desto mehr nehmen wir unserem Nachbar, unserem Mitbürger die Möglichkeit, ein menschenwürdiges Dasein fristen zu können, und da sich Alles im Kreise bewegt und eine Hand die andere wäscht, weil Einer vom Anderen leben soll und leben muß, so werden wir uns so lange einschränken, bis wir absolut nichts mehr einzuschränken haben, bis uns nichts weiter übrig bleiben wird, als der Fluch unseres Elends. —

Aber nicht allein, daß vornehmlich die Söhne Israels es sind, die sich in den Preisen aller Artikel gegenseitig unterbieten und damit ihre deutsche Concurrenz zwingen, sich zu ihren Spießgesellen zu begradiren und der Verjudung anheimzufallen, so daß schließlich kein Mensch mehr auch nur den geringsten Nutzen haben kann, — sondern auch eine Menge kleiner Geschäftsleute, die sich nicht anders zu helfen wissen, „lombardiren" ein Stück Waare nach dem anderen beim Pfandleiher oder Rückkaufshändler, sind nicht im Stande, pünktlich einlösen zu können und schaffen sich dadurch die Krone aller Concurrenz: die schwarze Bande, die, aus lauter arbeitsscheuem Gelichter bestehend, in allen Auctionen herumlungert, alles halbwegs brauchbare für ein Lumpengeld ersteht und den ganzen Kram dann wieder unter sich selbst versteigert.

Man muß sich für das Elend des Volks interessiren, um so nach dem Leben schreiben zu können — möchten sich doch die Regierenden einmal die Mühe geben, diese Vampyre bei der Arbeit zu beobachten und sie in ihren Schlupfwinkeln aufzusuchen. Ich muß zu meiner Beschämung gestehen, daß sich unter diesem Gesindel beinahe ebenso viele Deutsche als Juden befinden, an Intelligenz und Raffinement werden aber Beide vom Judenweibe noch überboten.

Von diesem Volke kaufen nun eine Menge kleine und leider manchmal auch recht vornehme Leute — ihre Geburtstags= und Hochzeitsgeschenke, häufig um einen Pappenstiel, häufig auch theurer als im feinsten Laden, ganz nach dem geistigen Vermögen des Käufers, der nicht immer das Pulver erfunden hat.

Wenn ich recht unterrichtet bin, haben unter dieser Sorte von Concurrenz namentlich die Juweliere und die Uhrmacher zu leiden!

Wie viele Geschäfte werden dadurch dem soliden Handel und Gewerbe entzogen, die doch von Jahr zu Jahr höhere Steuern aufbringen müssen!

IX.

Ich bin ein Pessimist, nicht wahr? Unsere Zustände sind nur grau und ich halte sie für schwarz?

„Sehen Sie sich die Ballsäle, die Tingeltangel, die Theater an," ruft man mir entgegen, „wie können Sie angesichts solchen Menschen=Gewimmels noch von „schlechten Zeiten" reden?"

Wie gerne möchte ich diese und ähnliche Argumente gegen mich gelten lassen, — wenn sie nicht leider für meinen Pessimismus zeugten!

Mit wenig Ausnahmen sind alle diese lachenden, fröhlichen, singenden, hüpfenden, tanzenden Menschen — überschuldet bis über die Ohren. Man tanzt auf einem Vulcan! Nichts als Galgenhumor spricht aus den Leuten und — das Schlimmste dabei — sie sind sich dessen nicht einmal bewußt!

Wie oft hat man mir Leute gezeigt, die das letzte Kleinod, das theuerste Andenken für wenige Gulden versetzten, um nur noch einmal in die Walhalla oder in den Schützenhof, in den Fortuna-Saal oder in den Circus gehen zu können. Haben Sie die erschütternde Notiz aus Schweinfurt gelesen? wo der Arzt zum sterbenden Vater eines eben vom Balle kommenden Mädchens gerufen wird, und weder Bett und Stuhl, noch das Nothdürftigste vorfindet — nichts als den sterbenden Vater auf den Dielen und das Mädchen im Ballstaat!

Das ist übertrieben, meinen Sie?

Welcher Volksfreund möchte das nicht wünschen? Und doch — es ist so.

Sie glauben es trotzdem nicht?

Nun, was sagte der Volkstribun Eugen Richter eines Tages im preußischen Abgeordnetenhause?

Die besten Kunden der Leihämter, Pfandleiher und Rückkaufshändler sind Studenten, Offiziere, kleine Geschäftsleute und Nähmädchen, und am meisten blüht das Geschäft um die Zeit der Opern- und Subscriptions-Bälle!!

Ist das deutlich?

Glauben Sie, daß ich Ihnen ein Märchen auftische, wenn ich Ihnen sage, daß sich in Berlin seit etwa 8 Jahren die Pfandleihgeschäfte von 40 auf 1000 vermehrt haben?

Doch genug von diesem Elende, lassen Sie sich auf dem Rathhause sagen, in welch' bedenklicher Anzahl sich die Steuer-Rückstände häufen — nehmen Sie dann allen Muth zusammen und sagen Sie mir darnach: **Sie haben Unrecht, Sie haben übertrieben!**

Mein deutsches Volk! Israel wagt es, Dir mit der Auswanderung der Gründer und Sünder zu drohen, wenn der begonnene Vertheidigungskampf, den sie Judenhetze nennen, noch mehr entbrennen sollte, — laß' sie ziehen, sie haben **niemals** eine **fruchtbringende**, sondern stets eine **aussaugende** Thätigkeit entfaltet, **Du verlierst nichts an solchen Elementen** und andere Völker werden sie früher oder später ebenfalls abschütteln, bis ihnen nur noch ihr gelobtes Land Zuflucht geben wird, das sie nicht mit leeren Taschen, wohl aber mit den Früchten Deines Schweißes betreten werden.

Mein deutsches Volk! Ermanne Dich, gehe in Dich — sieh in den Spiegel, den ich Dir vorgehalten und entscheide

Dich dann, ob Du noch vollends versumpfen und untergehen willst — oder ob Du Dich stark genug fühlst, mit dem Programme der Deutschen Reform-Partei Deinen Regenerations-Prozeß durchzumachen!

Unserem glorreichen Kaiser und dem eisernen Kanzler aber möge es vergönnt sein, den Sieg unserer gerechten Sache zu erleben und das deutsche Volk ledig seiner Fesseln zu sehen, die ihm die goldene Internationale mit ihrem Golde, mit ihren feilen Knechten und mit ihrer Presse auferlegte. — —

Wir wollen das **thatsächliche** gleiche Recht für Alle, und somit die Beseitigung aller dem Großcapital voreilig eingeräumten Vorrechte und eine maßvolle Beschränkung der **schrankenlosen** angeblichen Freiheiten, welche die Ordnung und den Wohlstand untergraben haben, um einige jüdische Millionäre mehr wie früher zu erzeugen.

Hinter den heutigen Zuständen lauert die **Revolution**, der Kampf Aller gegen Alle, beugen wir diesem vor, indem wir mannhaft und treu für wahre Freiheit und wahre Gerechtigkeit eintreten und lassen wir uns nicht bethören durch die servile sogenannte unabhängige Presse mit ihrem Geschrei von der Reaction:

Es ist die Reaction gegen Verzweiflung und Verarmung, gegen Kummer und Noth, gegen Hunger und Elend!!!

Nachtrag.

„Die Juden", sagt der Rechtsphilosoph **Klüber** in seiner „Uebersicht der diplomatischen Verhandlungen des Wiener Congresses", Band 3, „sind eine politisch-religiöse Secte unter strenge theokratischem Despotismus der Rabbiner. Sie bilden eine erblich verschworene Gesellschaft für das gemeine Leben und den Handelsverkehr, für eigene Volksbildung, für kastenartigen Familiengeist. Den Geist des Judenthums erkennt man im Allgemeinen an kirchlichem Glaubenshochmuth, die Juden bilden sich ein, die Auserwählten Gottes zu sein, erhaben über alle Nichtjuden (Gojim) und physisch und sittlich verschieden von diesen, die ganz ausgerottet werden müssen. Die Vernunft beweist und die Erfahrung bestätigt es, daß Kastengeist, am wenigsten der politisch-religiöse, unverträglich sei mit Staats- und Gemeinwohl. Nun begründet aber das Judenthum bis zur Stunde in politischer, religiöser und physischer Hinsicht einen Kastengeist, dessen Gleichen im ganzen christlichen Europa nicht gefunden wird. Dieses Verhältniß macht einen fortwährenden Antagonismus zwischen Staat und Judenthum unvermeidlich. Der Judenschaft, wie sie vor unseren Augen lebt, volle Staatsbürgerschaft, völlig gleiche Rechte mit allen Staatsbürgern ertheilen, die nicht in solchem Widerstreit mit dem Staate leben, wäre ebensoviel, als jenes Uebel in einen unheilbaren Krebs verwandeln."

Der große **Kant** spricht sich in seiner „Anthropologie in pragmatischer Hinsicht, Leipzig 1833" aus wie folgt: „Die unter uns lebenden Palästiner sind durch ihren Wuchergeist, auch was die größte Menge betrifft, in den nicht ungegründeten Ruf des Betrugs gekommen. Es scheint zwar befremdlich, sich eine Nation von Betrügern zu denken, aber eben so befremdlich scheint es doch auch, eine Nation von lauter Kaufleuten zu denken, deren bei Weitem größter Theil durch einen alten Aberglauben verbunden, keine bürgerliche Ehre sucht, sondern den Verlust dieser letzteren durch die Vortheile der Ueberlistung des Volks, unter dem sie Schutz finden und selbst ihrer unter einander ersetzen wollen — —"

J. G. Fichte schreibt in seinen „Berichten zur Berichtigung der Urtheile über die französische Revolution": „Fast durch alle Länder Europas verbreitet sich ein mächtiger, feindseliger Staat, der mit allen andern in beständigem Kriege lebt, und furchtbar schwer auf die Bürger drückt, es ist das Judenthum. Ich glaube nicht, daß dasselbe dadurch, daß dieser Staat auf den Haß des ganzen menschlichen Geschlechts gegründet und aufgebaut ist, so fürchterlich werde — — — von solch' einem Volke sollte sich etwas Anderes erwarten lassen, als daß geschieht, was wir täglich sehen: daß in einem Staate, wo der unumschränkteste König mir meine väterliche Hütte nicht nehmen darf und wo ich gegen den allmächtigen Minister mein Recht finde, mich doch jeder Jude, dem es einfällt, ganz ungestraft ausplündert! — — Den Juden Bürgerrechte zu geben, dazu sehe ich kein anderes Mittel, als das, ihnen in einer Nacht die Köpfe abzuschneiden und andere aufzusetzen, in denen auch nicht Eine jüdische Idee ist; und um uns vor ihnen zu schützen, dazu sehe ich kein anderes Mittel, als ihnen ihr gelobtes Land wieder zu erobern und sie alle dahin zu schicken."

„Wie die Egypter", schreibt **Herder** in seinen „Ideen zur Geschichte der Menschheit", „fürchteten die Juden das Meer und wohnten von jeher lieber unter anderen Nationen, ein Zug des Nationalcharakters, gegen den schon Moses mit Macht ankämpfte. — — Kurz es ist ein Volk, das in der Erziehung verdarb, weil es nie zur Reife einer politischen Cultur auf eigenem Boden, mithin auch nicht zum wahren Gefühle der Ehre und Freiheit gelangte. — — Der Tugenden eines Patrioten hat sie ihr Zustand von jeher beraubt. Das Volk Gottes ist eine parasitische Pflanze auf den Stämmen anderer Nationen, ein Geschlecht schlauer Unterhändler beinahe auf der ganzen Erde, das nirgends sich nach einem Vaterlande sehnt. — — Ein Ministerium, bei dem der Jude Alles gilt, eine Haushaltung, in der ein Jude die Schlüssel zur Garderobe und zur Casse führt, ein Departement oder Commissariat, in welchem Juden die Hauptgeschäfte treiben, eine Universität, auf welcher Juden als Mäkler und Geldverleiher der Studirenden geduldet werden: das sind auszutrocknende pontinische Sümpfe. Denn nach dem Sprichwort: wo ein Aas liegt, da sammeln sich die Adler und wo Fäulniß ist, da hecken Insekten und Würmer."

Und endlich: **Schopenhauer** sagt in seinen „Artikeln über Rechtslehre und Politik": „So ist denn noch heute dieser Johann ohne Land unter den Völkern auf dem ganzen Erdboden zu finden, nirgends zu Hause und nirgends fremd, behauptet dabei mit beispielloser Hartnäckigkeit seine Nationalität. — — Demnach ist es eine höchst oberflächliche und falsche Ansicht, wenn man die Juden blos als Religionssecte betrachtet; wenn aber gar, um diesen Irrthum zu begünstigen, das Judenthum mit einem der Kirche entlehnten Ausdruck bezeichnet wird als jüdische Confession, so ist dies ein grundfalscher, absichtlich auf das Irreleiten berechneter Ausdruck, der gar nicht gestattet sein sollte. Vielmehr ist die „jüdische Nation" das Richtige.... Daß die bem jüdischen Nationalcharakter anhängenden bekannten Fehler, worunter eine wundersame Abwesenheit alles dessen, was das Wort Scham ausdrückt, der hervorstechendste, wenngleich ein Mangel ist, der in der Welt weit besser hilft, als vielleicht irgend eine positive Eigenschaft, daß diese Fehler hauptsächlich dem Drucke (?) zuzuschreiben, entschuldigt sie zwar, hebt sie aber nicht auf." — — —

Der Liberale **R. v. Mohl** urtheilt folgendermaßen:

Es ist nicht richtig, „daß die Juden mit einziger Ausnahme der Religion der übrigen Bevölkerung wesentlich gleichartig sind . . . Der eine Punkt, in welchem die Voraussetzung als wesentlich unrichtig bezeichnet werden muß, ist der, daß man die doppelte Nationalität derselben übersehen hat . . . Der Jude ist nicht Deutscher allein, sondern er ist auch Jude; ja er ist dies sogar vor allem und ehe er Deutscher ist und sich als solcher fühlt." „Die Juden halten an ihrer Stammeseigenthümlichkeit mit unerschütterlicher Festigkeit, sind von ihr ganz durchdrungen . . . und bleiben nach Jahrhunderten vollkommen getrennt und verschiedenartig" . . . Sie bilden nirgends eine geschlossene auf einem bestimmten Territorium zusammenbleibende Gesammtheit, sondern sind in einzelnen Familien zerstreut über das ganze Land. Und doch verbleiben sie in ihrer Eigenart, sind ihren in anderen Staaten in gleicher Weise lebenden Stammverwandten gleichartiger und zugethaner als ihren zufälligen, thatsächlichen Landsleuten. — Der zweite Punkt, in welchem jene Voraussetzung sich als unrichtig erweist, ist die entschiedene Scheu der Juden vor gerade denjenigen Arbeiten, auf welchen die Gesellschaft vorzugsweise beruht, nämlich vor Ackerbau und jedem eine starke Körperkraft erfordernden Handwerke. Auch da, wo sie seit Jahrzehnten Grund und Boden erwerben, jedes Gewerbe betreiben dürfen, gehört es zu den seltensten Ausnahmen, daß ein Jude das Feld selbst bebaut oder das Handwerk eines Schmiedes, Zimmermannes, Maurers und dergl. betreibt; man findet sie nicht unter den Eisenarbeitern, den Matrosen, den Bergleuten. Zur Noth ergreifen einige die feineren Gewerbe, z. B. eines Gold- oder Silberarbeiters, eines Buchhändlers, Buchbinders. Der größte Theil geht dem Handel in seinen verschiedensten Zweigen und Dienstleistungen nach; ein anderer, im Verhältnisse zur Gesammtzahl der jüdischen Bevölkerung immerhin sehr bedeutender Theil widmet sich den Wissenschaften und Künsten oder treibt das gewerbemäßige Literatenthum. . . . Man soll nicht behaupten, daß dies ein gesunder, den wahren Interessen der Gesellschaft zuträglicher Zustand sei; man soll nicht übersehen, daß hier eine eigenthümliche und fremdartige Natur des Stammes hervortritt. Vollkommen einverstanden mit der besonderen Befähigung des Juden zum Handel kann man recht gern sehen, wenn er in größeren oder kleineren Geschäften thätig ist und dabei reich wird. Allein die große Menge der angeblich Handel treibenden Juden gehören nicht in diese nützliche und ehrenwerthe Klasse. Durch ein Uebermaß von Zwischenhändlern, Haufirirern und Schachern werden keine Werthe erzeugt; ihre ganze Thätigkeit ist überflüssig. Was sie mit zum Theil sehr zweifelhaften Geschäften gewinnen, wird bloß Anderen, Einfältigeren abgenommen. Ebenso sind Hunderte und Tausende von fetten Börsen=Speculanten, welche nicht etwa Bankgeschäfte machen und den Großhandel durch Wechsel= und Geld= geschäfte fördern, sondern nur in fieberhaftem Müßiggange in den Staats= papieren spielen, eine wahre Pestbeule unserer jetzigen Zustände, mögen sie auch durch Zufall und die Dummheit Dritter reich werden. Und in gleicher Weise verhält es sich mit dem Schwarm des jüdischen Literaten= thums.... Eine wahre Calamität für die wahre Bildung, für die politische und die gesellschaftliche Moral ist das grundsatzlose, nomadische Literatenthum mit seiner Frechheit, seinem falschen Geistreichthum, seiner Aufstachelung jeder noch so nichtsnutzigen Mode=Thorheit oder =Leiden= schaft. Nicht alle diese Beduinen der Presse sind freilich Juden, aber verhältnißmäßig viele. Man hatte gehofft, und es war dies für Manche der Grund einer Billigung der unbedingten Emancipation, daß die Er= öffnung aller Arten von erlaubten Beschäftigungen die Zahl der in das schlechte Literatenthum gedrängten Juden vermindern werde; dies ist aber bis jetzt nicht eingetroffen und es scheint, daß man die nationale Abneig= ung gegen hartarbeitende Thätigkeit nicht genugsam beachtet hat."

Der Jude **Lassalle**, der Gründer der Socialdemokratie, sagte 1862: „Wenn Jemand Geld verdienen will, so mag er Cotton fabriciren oder Tuche, oder auf der Börse spielen. Aber, daß man um schnöden Ge= winnstes willen alle Brunnen des Volksgeistes vergifte und dem Volke den geistigen Tod täglich aus tausend Röhren credenze, — es ist das höchste Verbrechen, das ich hassen kann.... Ich nehme, die Seele voll Trauer, keinen Anstand, zu sagen: wenn nicht eine totale Um= wandlung unserer Presse eintritt, wenn diese Zeitungs= pest noch 50 Jahre so fortwüthet, so muß dann unser Volksgeist verderbt und zu Grunde gerichtet sein bis in seine Tiefen! Denn Ihr begreift, wenn Tausende von Zeitungsschreibern, diese heutigen Lehrer des Volks, mit 100000 Stimmen täglich ihre stupide Unwissenheit, ihre Gewissenslosigkeit, ihren Eunuchenhaß gegen alles Wahre und Große in Politik, Kunst und Wissenschaft dem Volke einhauchen, dem Volke, das gläubig und vertrauend nach diesem Gifte greift, weil es geistige Stärkung aus demselben zu schöpfen glaubt, nun, so muß dieser Volksgeist zu Grunde gerichtet werden und wäre er noch dreimal so herrlich! Nicht das begabteste Volk der Welt, nicht die Griechen hätten eine solche Presse überdauert. Halten Sie fest, mit glühender Seele fest an dem Losungs= wort, das ich Ihnen zuschleudere: Haß und Verachtung, Tod und Untergang der heutigen Presse! Es ist das eine kühne Losung, ausgegeben von einem Manne gegen das tausendarmige Institut der Zeitungen, mit welchem schon Könige vergeblich kämpften! Aber so wahr Sie leidenschaftlich und gierig an meinen Lippen hängen, und so wahr meine Seele in reinster Begeisterung erzittert, indem sie die Ihrige überströmt, so wahr durchzuckt mich die Gewißheit: der Augenblick wird kommen, wo wir den Blitz werfen, der diese Presse in ewige Nacht begräbt."*

Und **Julian Schmidt** schreibt in seiner „Geschichte der neuen deutschen Literatur": „In dem geschäftlichen Zweige der Literatur, der Journalistik, bilden die Juden jetzt die ungeheure Mehrheit. Daher die Empfindlichkeit, wenn man auf das Judenthum zu sprechen kommt. Fast sieht es so aus, als seien die Juden noch immer das auserwählte Volk und durch ein Privileg gegen die Angriffe geschützt, die sich jede andere Nation gefallen lassen muß. Gegen die Deutschen haben Börne, Heine und ihre (jüdischen) Glaubensgenossen eine ganze Scala von Schimpfwörtern angewandt, vom „Bedientenvolke" an bis zum „Nachtstuhl" und gegen das Christenthum nicht minder; wagt man es aber, auf den ewigen Judenschmerz zu lästern, wagt man es zu bezweifeln, daß Shylock ein Märtyrer war, so ringt die gesammte Journalistik über diesen Mangel an Aufklärung und Toleranz die Hände!"

* Siehe: Die sogenannte deutsche Reichsbank, eine privilegirte Actiengesellschaft von und für Juden. Dr. Hilarius Bankberger. Berlin 1877. 2. Aufl. Seite 24/25.

Dresden, Druck von I. Moritz Hofmann.